코딩 없이 만드는 인공지능

코딩 없이 만드는 인공지능

딥노이드 교육팀 지음

은행나무

들어가며

최근 어느 산업 분야에서나 '제4차 산업혁명'이라는 키워드에 주목하고 있습니다. 2016년 3월 구글의 'DeepMind'에서 개발한 인공지능인 알파고와 이세돌의 대결 이후, 미래 사회를 이야기할 때 제4차 산업혁명이라는 주제가 빠지지 않게 되었습니다.

제4차 산업혁명 담론은 2016년 1월, 스위스 다보스에서 개최된 제46차 세계경제포럼에서 처음 등장하였습니다. 독일은 '인더스트리 4.0', 유럽은 'Horizon Europe', 미국은 'Digital Transformation', 일본은 'Society 5.0', 중국은 'Made in China 2025, 중국 제조 2025'라고 지칭하며 각국의 정책에 맞게 제4차 산업 혁명의 흐름에서 선두를 차지하기 위해 경쟁하고 있습니다. 우리나라 역시 '4차산업혁명위원회'라는 대통령 직속 기구를 설치하여 세계적인 흐름을 놓치지 않으려 노력하고 있습니다.

제4차 산업혁명의 핵심 기술은 ICBM(사물인터넷, 클라우드 컴퓨팅, 빅데이터, 모바일)과 인공지능AI입니다. 그중 가장 관심을 끄는 분야는 빅데이터와 인공지능인데, 모두 '딥 러닝(심층학습)' 기술이 핵심적인 역할을 합니다. 자연스럽게 '딥 러닝'이 뜨거운 관심을 받고 있으나, 일정 수준의 수학적 지식과 프로그래밍 기술, 즉 코딩을 요구하여 진입장벽이 높은 편입니다. 관련 지식이 없는 대다수의 사람들에게는 접근조차 어려운 것이 현실입니다.

그러나 빅데이터와 인공지능을 활용하는 분야는 계속해서 확장되고 있고, 딥 러닝을 학습하기 위해 코딩을 배우는 사람들도 생겨나고 있습니다. 하지만 오랜 시간을 들여 꼭 코딩을 배워야 할까요? 코딩이 필요 없는 AI 플랫폼 DEEP:PHI(딥파이)는 코딩이라는 단단한 진입장벽을 무너뜨릴 수 있습니다. 딥노이드(DEEPNOID)의 딥 러닝 전문가들이 만든 전문성과 편의성을 모두 갖춘 DEEP:PHI는 간단한 플랫폼 사용 방법만 익힌다면 블록코딩 형식으로 인공지능을 만들고 활용할 수 있습니다.

이 책의 구성과 활용 방법

이 책은 인공지능의 분야 중 하나인 컴퓨터 비전Computer Vision과 의료 인공지능에 대한 설명을 중심으로 구성되어 있습니다. 1~2장은 인공지능과 딥 러닝 대한 개념 설명과 컴퓨터 비전의 핵심인 CNNConvolutional Neural Network(합성곱 신경망)의 개념과 구성 요소에 대하여 차례로 설명합니다. 3장부터는 DEEP:PHI를 활용해 1장, 2장에서 설명한 내용을 바탕으로 다양한 종류의 인공지능 모델을 구성하고 학습하는 방법을 익힐 수 있습니다. 책에 수록된 내용을 단순히 따라하는 것이 아니라 여러 설정들을 바꾸어 보면서 결과가 어떻게 바뀌는지 학습한다면 인공지능을 효과적으로 활용할 수 있을 것입니다.

DEEP:PHI와 딥노이드

딥노이드는 핵심 AI 기술력, 의료 영상 진단 및 임상 노하우를 통해 세계 의료 AI기업 중에서도 가장 많은 19건의 인허가 제품을 보유한 의료 인공지능 전문 기업입니다. 뇌동맥류, 뇌출혈, 압박골절, 폐결절, 폐렴 등 다양한 질병군에 있어서 국내외 유수의 다양한 병원이나 기업들과 수준 높은 의료 인공지능 연구를 진행하고 있습니다.

DEEP:PHI는 의료 인공지능 회사인 딥노이드에서 개발한 블록코딩 AI 플랫폼입니다. 딥노이드의 딥 러닝 전문 개발자들이 컴퓨터 공학이나 인공지능 분야를 전공하지 않은 비전공자들도 인공지능 제품을 만들 수 있도록 심혈을 기울여 만든 프로그램입니다. 딥 러닝의 개념적인 부분들을 학습하고 다양한 모듈을 레고 블록처럼 연결하는 간단한 방법으로 원하는 딥 러닝의 Task 연구를 진행할 수 있습니다. 학습 결과를 즉각적으로 확인할 수 있으며 인공신경망 모델이 학습하는 과정마다 어떤 결과가 나타나는지 점검함으로써 사용자가 딥 러닝을 편리하게 사용하면서도 연구의 효율성을 높일 수 있도록 설계된 프로그램입니다.

CONTENTS

1장

인공지능,
머신 러닝,
딥 러닝

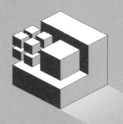

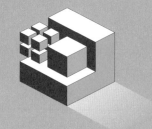

1. 인공지능이란 무엇인가?

인공지능 기술이 발달하면서 앞으로 인간의 직업 대부분을 인공지능이 대신하게 될 것이라는 전망을 인터넷과 뉴스 등에서 심심찮게 찾아볼 수 있습니다. 우리의 역할을 대신할 수 있다는 인공지능은 도대체 무엇일까요? **인공지능**(AI;Artificial Intelligence)은 인간이 지닌 여러 능력(학습능력·추론능력·지각능력·자연어[1]의 이해 능력 등)을 컴퓨터 프로그램으로 구현한 것입니다. 간단하게 말하면 컴퓨터가 자동적으로 인간처럼 일을 처리할 수 있도록 프로그래밍을 해둔 것이라고 이해할 수 있겠습니다.

사람들은 컴퓨터의 빠르고 정확한 처리 능력을 활용하여 사람이 처리할 수 없는 용량의 데이터를 처리하는 등 다양한 작업을 해왔습니다. 다만 기존의 컴퓨터는 사람처럼 주변 상황을 인지하여 일을 능동적으로 처리할 수 있는 것은 아니었습니다. 그러나 이제는 컴퓨터가 사람처럼 주변 상황을 인지하고 판단하여 동작할 수 있게 되었고, 이를 바탕으로 한 기술을 인공지능 기술이라고 부릅니다. 이러한 인공지능 기술은 기존의 컴퓨터를 활용하여서는 해결하기 어려웠던 일들에 대한 해결 가능성을 열어주고 있습니다. 미래로 향하는 새로운 길을 열고 있는 인공지능, 이를 위해선 무엇이 필요할까요? 또한 인공지능을 구현하는 작업은 언제, 어디서 시작되었을까요?

---

1   사람들이 일상적으로 쓰는 언어(한글, 영어, 일본어…).

2. 인공지능의 역사

인공지능의 역사는 1943년 미국 논리학자 월터 피츠Walter Pitts와 신경외과 의사 워런 매컬러Warren McCulloch가 발표한 인간 두뇌에 관한 최초의 논리적 모델에 관한 논문 「신경 작용에 내재한 개념에 대한 논리적 해석학A Logical Calculus of Ideas Immanent in Nervous Activity」으로 거슬러 올라갑니다. 이 논문에서 두 저자는 '인공 뉴런' 모델을 제안하는데, 이를 최초의 인공지능 연구로 볼 수 있습니다. 이후 1950년 영국 수학자 앨런 튜링Alan Mathison Turing이 자신의 논문 「기계 학습과 지능Computing Machinery and Intelligence」에서 기계가 생각할 수 있는지 테스트하는 방법인 '튜링 테스트', 지능적 기계의 개발 가능성, 학습하는 기계 등에 관한 연구 결과를 제시하면서 인공지능에 대한 연구가 가속화됩니다. 그러나 처음부터 인공지능이라는 단어를 사용한 것은 아닙니다. 인공지능이라는 단어는 1956년 미국 다트머스대학교에서 마빈 민스키, 클로드 섀넌과 그의 동료들이 인간의 지적 기능을 모방한 기계에 대한 연구를 적극적으로 시작하면서부터 쓰이게 되었습니다. 당시 인공지능이라는 새로운 단어를 접한 많은 사람들은 인공지능이 인간이 해결하기 어려운 문제들을 쉽게 풀어낼 수 있을 것이라는 기대감에 부풀었습니다. 하지만 인생이 언제나 우리의 기대대로 풀리지 않듯, 인공지능의 개발에도 두 차례의 혹독한 빙하기가 찾아옵니다.

1958년 등장한 퍼셉트론perceptron[2]은 인공지능 연구에 활기를 불어넣지만, AND, OR, NAND와 같은 선형문제들을 풀 수 있을 뿐, XOR과 같은 간단한 비선형문제[3]들도 해결하지 못해 첫 번째 빙하기가 찾아옵니다. 우리가 사용하는 대부분의 데이터들이 비선형 데이터였

---

[2] 인간의 신경 세포인 뉴런 단위를 컴퓨터 시스템으로 구현한 인공신경망.

[3] 선형문제는 일차식(일차함수)으로 풀 수 있는, 그래프가 직선형인 문제이며, 비선형문제는 선형문제를 제외한 나머지, 즉 그래프의 형태가 직선이 아닌 문제를 말한다.

기에, XOR과 같은 비선형문제들을 해결하지 못하는 인공지능은 실질적인 쓸모가 없었기 때문입니다.

이후 인공지능에 대한 관심과 투자는 많이 줄었지만, 1986년 딥 러닝의 아버지라고 불리는 영국의 컴퓨터 과학자 제프리 힌튼Geoffrey Everest Hinton이 인공지능의 첫 번째 빙하기에 마침표를 찍습니다. 그는 다층 퍼셉트론MLP; Multi-Layer Perceptron과 역전파back propagation를 통해 XOR 문제를 해결합니다. 그와 그의 동료 연구자들의 노력으로 1990년 초반까지 인공지능은 큰 발전을 이루게 됩니다.

그러나 서서히 다층 퍼셉트론의 한계점이 보이기 시작하면서 두 번째 빙하기가 찾아옵니다. 빙하기의 원인은 바로 기울기 소실gradient vanishing과 과적합overfitting 문제였습니다. 먼저 기울기 소실 문제는, 복잡한 문제를 풀기 위해 신경망(퍼셉트론)의 은닉층hidden layer이 많아져야 하는데 신경망의 층layer이 깊어지다 보니 가중치weight의 기울기gradient가 소실되어 모델이 학습되지 않는 문제를 말합니다. 과적합 문제는, 모델이 학습 데이터에 최적화되어 있어, 그렇지 않은 새로운 데이터를 넣었을 때 성능의 차이가 벌어져 일반화generalization가 불가능해지는 문제를 말합니다. 이는 마치 학교 시험을 보기 위해 교과서를 달달 외웠지만 대학수학능력시험에 응시할 때는 응용 능력이 부족해 응용 문제를 풀 수 없는 것과 유사합니다.

그러나 두 번째 빙하기는 첫 번째 빙하기처럼 오래 지속되지는 않습니다. 첫 번째 빙하기에 종지부를 찍었던 제프리 힌튼 교수는 자신의 연구를 더욱 발전시켜 두 번째 빙하기를 해결합니다. 그는 2006년에 「심층 신뢰 신경망을 위한 빠른 학습 알고리즘A fast learning algorithm for deep belief nets」이라는 논문을 발표하여, 뉴런 가중치의 초깃값을 제대로 설정하면 깊은 신경망도 학습시킬 수 있음을 입증합니다. 이 기념비적인 논문 이후로 딥 러닝이라는 용어가 사용되기 시작했습니다. 딥 러닝은 인공지능을 학습하는 방법 중 하나로 머신 러닝Machine Learning의 범주에 들어갑니다.

3. 머신 러닝의 개념과 알고리즘 분류

머신 러닝이란?

머신 러닝은 인공지능을 구현하는 방식 중 하나로, 입력된 방대한 양의 데이터를 기반으로 기계가 스스로 패턴을 찾아 모델을 만들어 적용하는 것을 의미합니다. 머신 러닝에서는 학습 방법이 프로그래밍된 기계에 샘플 데이터를 입력하여 학습을 시키고, 이를 통해 기계가 원하는 결과를 도출할 수 있는 처리 방법을 학습하게 만듭니다. 이때 샘플 데이터처럼 처리 방법을 학습하는 데 사용되는 데이터를 학습 데이터라고 하며, 다양한 특성을 지닌 많은 수의 학습 데이터를 학습시킬수록 프로그램의 처리 방법은 보다 정확해집니다.

프로그램이 샘플 데이터로 처리 방법을 익혔다면 실전 데이터로 처리 방법의 성능을 점검하는 과정이 필요합니다. 샘플 데이터로만 처리 방법을 학습할 경우 분석이 필요한 실제 데이터를 적절하게 분석하지 못할 수도 있습니다. 실제 데이터를 입력하여 프로그램의 처리 방법의 성능을 점검한 뒤, 원하는 수준에 이를 때까지 학습을 반복하여 유의미한 결과를 도출해 내는 것입니다.

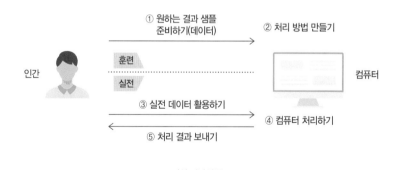

머신 러닝의 구조

이러한 머신 러닝은 학습 과정과 사용되는 알고리즘의 유형에 따라 학습 방법이 달라집니다. 대표적인 학습 방법으로는 지도 학습Supervised Learning, 비지도 학습Unsupervised Learning, 강화 학습Reinforcement Learning이 있습니다.

지도 학습

지도 학습은 Label 정답 데이터이 있어 학습하는 데이터가 Label과 일치하면 ○, 다르면 × 를 머신 러닝 알고리즘에 알려주면서 학습을 진행하는 방법입니다. 즉, 기계가 정답이 정해져 있는 데이터를 바탕으로 사람이 원하는 정답을 향해 갈 수 있도록 학습을 진행하는 것입니다. 따라서 지도 학습은 다량의 데이터가 제공될수록 효율적으로 이루어질 수 있습니다. 이러한 지도 학습으로 수행하는 대표적인 문제는 분류와 회귀 문제입니다. 또한 지도 학습을 통해 신경망을 학습할 수 있을 뿐만 아니라 의사결정트리Decision Tree, 앙상블Ensemble, 부스팅Boosting 등 다양한 머신 러닝 알고리즘을 쉽게 구축할 수 있습니다.

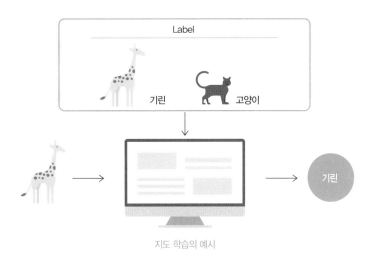

지도 학습의 예시

비지도 학습

비지도 학습은 지도 학습과 달리 Label이 없는 조건에서 학습하는 방법입니다. Label이 없는 데이터 집합에서 데이터의 특성을 분석하여 군집화[4]와 차원 축소[5] 등을 학습하기 위한 것입니다. 이러한 비지도 학습을 통해 데이터 집합의 숨겨진 패턴을 학습할 수 있습니다. 이때 데이터의 발생 환경이나 테스트 환경 등이 일관되지 않으면 정확한 학습이 이루어지기 어렵기 때문에 정확한 학습 환경을 마련하는 것이 중요합니다. 지도 학습에 비해 비지도 학습은 예측 결과가 불확실할 수 있으나 Label을 제공하지 않아도 되고 인간이 판단하기 어려운 숨겨진 데이터의 특성들을 찾을 수 있다는 면에서 각광을 받고 있습니다.

비지도 학습으로 수행하는 대표적인 문제는 군집화와 차원 축소입니다. 신경망으로 대표되는 딥 러닝에서는 학습 데이터를 입력 데이터로 하고, 다시 이 입력 데이터를 Label로 하거나 그것을 조금 가공한 데이터를 Label로 설정하여 비지도 학습을 구현할 수 있습니다. 대표적인 예로는 오토 인코더 Auto Encoder 가 있습니다.

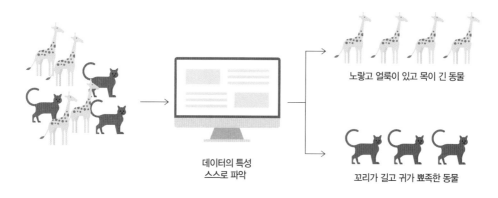

노랗고 얼룩이 있고 목이 긴 동물

데이터의 특성
스스로 파악

꼬리가 길고 귀가 뾰족한 동물

비지도 학습의 예시

---

4   비지도 학습의 방법 중 하나로, Label이 정해지지 않은 데이터들을 그룹화clustering하는 알고리즘.

5   비지도 학습의 방법 중 하나로, 데이터의 여러 특징을 줄이는 알고리즘. 대표적으로 주성분 분석Principal Component Analysis(PCA)이 있다.

강화 학습

　　강화 학습은 학습 과정에서 Label을 도출할 경우 보상을 주어 Label을 도출할 가능성을 높이는 학습 방법입니다. 예를 들어 교실에서 선생님이 학생에게 정답을 가르쳐주지는 않지만 학생이 잘했을 때는 칭찬해주는 것과 비슷합니다. 이러한 강화 학습에서 보상은 가중치를 높여주는 방식으로 반영되어, 수학적 계산식에 따라 경험치를 높이고 최적화 성능을 향상합니다. 가중치에 대한 구체적인 이야기는 다소 복잡하므로 후에 서술하도록 하겠습니다. 강화 학습은 입출력 쌍으로 이루어진 학습 데이터 집합이 제시되지 않는다는 점에서 지도 학습과 다르고, 학습 데이터가 아예 없는 것이 아니라 상황이 종료되면 종합적으로 주어진다는 점에서 비지도 학습과도 다릅니다.

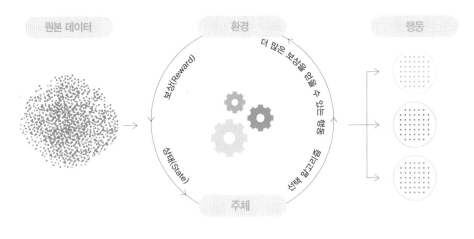

강화 학습의 구조

4. 머신 러닝이 활용된 다양한 분야의 사례

제조	제조 업체는 공장 센서와 사물인터넷을 통해 대량의 데이터를 수집하며, 머신 러닝을 통해 이를 효율적으로 처리할 수 있습니다. 컴퓨터 비전 및 이상 감지 알고리즘은 품질 관리에 활용되며 사전 예방 유지보수 및 수요 예측부터 새로운 서비스 제공까지 모든 것에 머신 러닝이 활용됩니다.
재무	대량의 데이터와 이력 레코드가 제공되는 금융은 머신 러닝을 활용하기에 가장 적합한 산업으로, 주식 거래, 대출 승인, 사기 감지, 위험 평가 및 보험 인수에 머신 러닝 알고리즘이 활용됩니다.
의료	의사는 환자의 병환 데이터 분석 이외에도 외래, 수술 등 다양한 업무를 수행하기 때문에, 환자의 병환 데이터에 머신 러닝 알고리즘을 적용하여 효율적인 보조 진단 도구로 활용할 수 있습니다. 또한 사물인터넷 기술로 환자의 건강 상태를 실시간으로 파악할 수 있는 웨어러블 wearable 장치나 센서 등과 함께 머신 러닝을 활용하면 매우 효과적이어서, 의료 산업은 머신 러닝이 빠르게 성장하는 주된 분야가 되고 있습니다.
마케팅 및 영업	앱이나 인터넷을 활용하는 쇼핑 사이트도 구매자에 맞는 상품을 추천하기 위해 머신 러닝을 활용할 수 있습니다. 과거 구매자의 검색 및 구매 기록을 분석하여 알맞은 추천 상품을 고르고 광고를 띄우는 것입니다. 이처럼 관련 기업들은 머신 러닝 알고리즘을 활용해 데이터를 포착·분석하여 쇼핑 경험의 개별화를 추구하고 마케팅 전략을 세우는 추세입니다.
정부 및 공공기관	공공 안전을 담당하는 정부 부처나 공공 서비스를 제공하는 공공기관에서는 서비스 대상에 대한 다양한 데이터를 확보하고 있으므로, 이를 머신 러닝 알고리즘으로 분석하여 적합한 서비스를 발굴할 수 있습니다. 개인정보 도용을 최소화하거나 사기를 사전에 감지하여 예방할 수 있고, 센서 데이터를 분석하여 효율성을 높이고 비용을 절감할 수도 있습니다.
운송	운송 업계에서도 기존 운송 데이터, 교통 정보, 기상 정보 등 다양한 데이터를 머신 러닝 알고리즘을 통해 분석하여 수익성을 높일 수 있는 효율적인 이동 경로를 개발하고 패턴을 찾아내고 있습니다. 택배, 대중교통, 기타 운송 서비스를 제공하는 회사들은 머신 러닝 알고리즘을 활용한 데이터 분석과 모델링 기술을 중요한 분석 솔루션으로 활용합니다.

지금까지 머신 러닝의 전반적인 내용들을 살펴보았습니다. 이어서 머신 러닝을 공부해 보신 분들이라면 한 번쯤 들어보았을 **딥 러닝**에 대해 알아보겠습니다.

5. 딥 러닝과 인공 신경망

딥 러닝과 인공 신경망은 머신 러닝에 포함되는 개념입니다. 먼저 인공 신경망은 사람의 뇌에서 뉴런이 작동하는 원리에서 착안한 머신 러닝의 한 유형입니다. 이는 병렬로 작동하는 여러 계층의 노드(또는 뉴런)[6]를 사용하여 일을 배우고 패턴을 인식하여 사람과 유사한 방식으로 의사 결정을 내리는 컴퓨터 프로그램입니다. 한편 딥 러닝은 여러 층의 뉴런과 방대한 양의 데이터를 포함하는 심층적인 신경망입니다. 딥 러닝이라는 고차원의 머신 러닝은 복잡하고 비선형적인 문제들을 해결할 수 있으며 자연어 처리나 자율운전 자동차 등 혁신적인 인공지능 기술들을 담당합니다. 각각의 개념에 대해 보다 상세하게 알아보겠습니다.

인공 신경망

인공 신경망은 생물학적 신경망의 수학적 모델입니다. 시냅스의 결합으로 네트워크를 형성한 인공 뉴런이 학습을 통해 시냅스의 결합 세기를 변

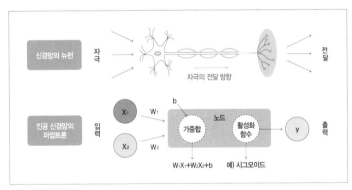

인공신경망의 퍼셉트론

화시켜 문제해결 능력을 갖는 비선형 모델이라고 볼 수 있습니다. 인공 신경망은 계산을 수행하는 노드와 노드 간의 신호를 전달하는 연결선으로 구성됩니다. 이 노드 중 일부는 입력을 받고, 다른 일부는 출력을 내보냅니다. 따라서 전체 인공 신경망은 입력과 출력을 연결하는 함수

---

6   인공 신경망을 구성하는 하나의 단위로서 생물학의 신경세포와 같은 개념.

라고 볼 수 있습니다.

인공 신경망 내 활성화 함수Activation Function는 생물학적 신경세포의 흥분이 임계점threshold을 넘길 때, 전기적 충동을 발사하는 현상을 흉내 내도록 설계되어 있습니다. 예를 들어 뜨거운 물체를 만졌을 때 물체에 접촉한 신체 주변의 세포가 '뜨겁다'라는 신호를 뇌에 보내는 것과 같습니다. 이는 세포가 '뜨거움'을 느끼는 임계점을 넘어가는 자극을 받아 뇌에 신호를 보내는 것입니다.

일반적으로 사용되는 기본적인 인공 신경망 알고리즘인 깊은 인공 신경망은 입력층input layer, 은닉층, 출력층output layer의 세 가지 층으로 구분됩니다. 그중 은닉층의 개수가 2개 이상이면 깊은 인공 신경망이라고 할 수 있겠습니다. 입력층의 노드에 주어진 입력 정보는 망 안쪽 은닉층의 노드로 전달되고, 은닉층의 노드들은 주어진 정보를 처리하려 출력층을 구성하는 노드에 정보를 전달합니다. 이때 은닉층에 해당하는 노드들의 입출력은 망 밖에서 볼 수 없습니다('은닉층'이라는 이름의 유래이기도 합니다). 마지막으로 출력층이 정보를 출력하는데, 이는 신경망의 출력이 됩니다. 이러한 과정을 거쳐 학습하는 것을 순전파Forward Propagation라고 합니다.

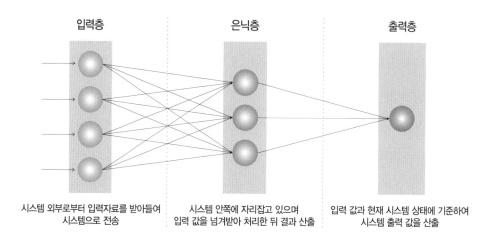

입력층	은닉층	출력층
시스템 외부로부터 입력자료를 받아들여 시스템으로 전송	시스템 안쪽에 자리잡고 있으며 입력 값을 넘겨받아 처리한 뒤 결과 산출	입력 값과 현재 시스템 상태에 기준하여 시스템 출력 값을 산출

인공 신경망의 구조

딥 러닝

　딥 러닝은 음성 인식, 이미지 식별과 예측 등 특정 분야에서 사람 대신 작업을 수행하도록 컴퓨터를 학습시키는 머신 러닝의 한 종류입니다. 데이터가 사전에 정의된 방식을 통해 실행되도록 구성하는 다른 머신 러닝 기술과 달리, 딥 러닝은 데이터에 대한 기본 Parameter[7]를 설정하고 컴퓨터가 여러 처리 계층을 이용해 패턴을 인식함으로써 스스로 학습하도록 만드는 기술입니다. 사람이 직접 데이터의 특징feature 들을 전처리하고 선택하는 다른 머신 러닝 기술과 달리, 딥 러닝은 컴퓨터가 신경망의 구조를 통해 자동적으로 특징들을 추출한다는 차이가 있습니다. 즉, 다른 머신 러닝 기술은 알고리즘을 사용하여 데이터를 분석하고 해당 데이터에서 학습하고 그 내용에 따라 사용자인 인간이 정보에 근거한 결정을 내리는 반면, 딥 러닝은 알고리즘을 계층으로 구성하여 자체적으로 배우고 지능적인 결정을 내릴 수 있는 인공 신경망을 구축하여 인간과 가장 유사한 인공지능을 실현할 수 있습니다. 따라서 다른 머신 러닝 기술은 데이터 과학자(이용자)의 역량에 따라 모델의 성능이 좌지우지되지만, 딥 러닝은 사용하는 데이터가 적합하다면 상대적으로 이용자의 차이에 영향을 덜 받아 성능의 일관성을 확보할 수 있습니다.

딥 러닝 활용의 예

　컴퓨터 과학 연구원과 데이터 과학자들이 딥 러닝의 성능을 계속 테스트하고 있기 때문에 딥 러닝이 연구 단계에 머물러 있는 것처럼 보일 수도 있습니다. 그러나 딥 러닝은 현재 비즈니스 환경에 많이 응용되고 있고 지속적으로 연구가 이루어지고 있으므로, 오히려 그 범위가 확대될 것으로 예상됩니다.

　딥 러닝을 활용한 예에서 우리에게 가장 친숙한 것은 구글의 딥마인드DeepMind 가 개발

7　모델의 결과에 영향을 미치는 변수.

한 인공지능 바둑 프로그램 '알파고AlphaGo'입니다. 알파고의 딥 러닝 모델은 표준 머신 러닝 모델과는 달리 특정 동작을 수행해야 할 시점을 알려주지 않아도 수준급의 바둑 기사와의 대국을 통해 세계 최고 수준의 바둑 실력을 갖게 되었습니다. 알파고는 이러한 학습 과정을 거쳐 이세돌과 커제를 비롯해 세계 유수의 바둑 기사들을 상대로 승리를 거뒀습니다. 이는 기계가 게임의 복잡한 규칙과 기술 등 추상적인 측면을 파악하여 인간의 능력을 넘어선 사례입니다. 알파고로 대표되는 딥 러닝의 가장 보편적인 응용 분야는 다음과 같습니다.

음성 인식

학계는 물론 기업에서도 모두 음성 인식에 딥 러닝을 활용하고 있습니다. 예를 들면 비디오 게임 기기인 엑스박스Xbox, 인터넷 통화 프로그램 스카이프Skype, 인공지능 비서 구글 어시스턴트Google Assistant, 애플Apple의 음성인식 서비스 시리Siri 등은 사람의 말과 음성 패턴을 인식하도록 딥 러닝 기술이 적용된 경우입니다.

자연어 처리

딥 러닝의 핵심 구성 요소인 인공 신경망은 수년 전부터 문자 언어를 처리하고 분석하는 데 사용되었습니다. 텍스트 마이닝text mining을 바탕으로 환자의 진료 기록, 고객의 문의나 항의 기록, 뉴스, 보고서 등에서 패턴을 발견할 수 있습니다. 또한 우리가 자주 사용하는 구글 번역Google Translate, 네이버의 인공지능 번역 프로그램 파파고Papago 역시 자연어 처리가 적용된 딥 러닝 기술의 대표적인 사례입니다.

추천 시스템

아마존Amazon, 넷플릭스Netflix, 유튜브Youtube, 쿠팡Coupang 등은 고객의 이전 이용 경험을 기록한 로그 데이터를 토대로 고객이 관심을 보일 것으로 예상되는 제품이나 콘텐츠를 높은 확률로 맞추는 추천 시스템을 대중화시켰습니다. 이처럼 딥 러닝을 이용하면 음악이나 의류, 쇼핑과 같은 복잡한 환경에서 여러 플랫폼에 걸쳐 개인의 선호에 따른 추천 기능을 개선할 수 있습니다. 소위 말하는 유튜브 알고리즘이라는 것도 딥 러닝의 추천 시스템이 적용된 예시라고 볼 수 있습니다.

컴퓨터 비전 Computer Vision

이미지 인식으로 대표되는 것은 앞서 언급한 자율주행을 비롯해 스마트폰의 카메라, 자동차 번호판 자동 인식, 생산 공정에서의 불량품 검출 등이 있습니다. 요즘 주목을 받고 있는 의료 분야에서의 활용도 컴퓨터 비전과 연관되어 있습니다.

의료 인공지능 활용 사례

인공지능 기술은 의료 분야에서 새로운 변화의 혁신을 촉진하기 시작하였습니다. 특히 코로나바이러스 COVID-19 의 유행은 의료 인공지능의 발전에 박차를 가하게 했습니다. 초기 감염병 확산 예측부터 확진자 동선 파악, 잠재적 감염자 선별, 의료 자원 관리부터 치료제와 백신 신약 개발, 언택트(비대면) 진료의 효율 향상까지 의료 분야 전면에 인공지능을 활용하기 위한 사회적·산업적 요구가 커지고 있습니다. 이미 세계보건기구 WHO 에서는 EIOS Epidemic Intelligence from Open Sources 라는 인공지능 시스템을 통해서 특정 지역의 감염병 유행 정보를 수집하고 전 세계 유행 동향을 예측하여 각 국가에 유용한 정보를 전달하고 있습니다. 뿐만 아니라 X-ray 영상 사진을 기반으로 코로나 진단을 보조하기 위한 AI 소프트웨어들도 개발되고 있습니다.

코로나바이러스 외에도 인공지능을 이용하여 성 조숙증, 폐암, 폐질환, 치매, 유방암 등의 질병을 정확하고 빠르게 진단하는 소프트웨어나 효과적으로 치료할 수 있는 로봇 기술 등이 등장하고 있습니다. 대표적으로 미국의 IBM이 개발한 인공지능 '왓슨 포 온콜로지 Watson for Oncology'가 있는데, 이는 인공지능 시스템으로 암을 진단하고 치료법을 제안하는 것으로 의료 혁신에 크게 기여하였습니다. 인공지능을 활용한 의료는 개인의 특성을 반영한 질병 예방과 예측부터 신속하고 정확한 정밀 진단과 치료까지 가능하게 해주므로 더욱 주목을 받고 있습니다.

의료 서비스의 프로세스는 예방 및 예측 → 진단 → 치료 및 처방 세 단계로 구분할 수 있는데, 이 과정에서 인공지능이 활용되는 양상을 살펴보겠습니다.

예방 및 예측 단계에서는 인공지능이 유전체 정보, 의료 정보, 생활 습관을 비롯한 환자 정보 등을 분석, 앞으로 발생할 수 있는 질병을 예측하여 미리 대응할 수 있도록 도와줍니다. 이러한 인공지능은 암, 패혈증, 심장병, 성인병 등 다양한 질병의 예측에 활용됩니다. 예를 들어 IBM, 온타리오 공과대학, 존스홉킨스 병원 등은 응급실과 중환자실의 환자와 미숙아를 대상으로 패혈증 징후를 예측하는 인공지능 프로그램을 개발하고 있습니다. 의료 기기 전문 회사인 매드트로닉은 IBM의 인공지능 기술을 활용하여 환자의 식습관, 생활습관, 인슐린 사용 습관 등을 분석하여 혈당 변화 추이를 예측하는 앱 '슈가 아이큐'를 개발하여 당뇨 환자의 혈당을 체계적으로 관리하는 데 도움을 주었습니다.

또한 인공지능을 활용하여 심장질환을 예측하기도 합니다. 서울아산병원은 돌연 심장사의 가장 큰 원인인 심실부정맥을 한 시간 전에 예측하는 인공지능 기술을, 세종병원과 의료 AI 플랫폼은 심정지를 하루 전 예측하는 인공지능 기술을 개발하고 있습니다. 영국의 노팅엄 대학은 인공지능 기술을 적용한 심혈관 질환 예측 모델을 설계하였고, 연세세브란스병원은 중환자의 사망을 최대 3일 전에 예측할 수 있는 인공지능 프로그램 '프롬프트PROMPT'를 개발함으로써 의료진의 적극적인 치료를 보조하고 있습니다.

인공지능 기술은 질병의 예측 및 진단 결과를 바탕으로 치료법을 제시하거나 질병의 경과를 예측할 수 있습니다. 특히 성공 가능성이 불확실한 신약 개발에 소요되는 시간과 비용을 단축하기 위한 목적으로 인공지능 기술의 사용이 가속화되고 있습니다.

의료 기술에 적용되는 인공지능의 한계점

　현재까지는 인공지능을 활용하여 만족할 만한 수준의 정확한 진단을 내리기는 어려운 상황입니다. 예를 들어 국내외 여러 병원에서 도입하여 사용하고 있는 IBM의 인공지능 솔루션 왓슨 포 온콜로지는 학습데이터 선택과 암의 조율, 병원 및 국가 등에 따라 정확도가 다르게 나타나는 신뢰도의 문제가 제기되고 있습니다. 국내에서는 길병원과 건양대병원이 왓슨 포 온콜로지를 도입하였지만, 인공지능이 내린 암 진단과 의사가 내린 암 진단이 일치하는 경우가 40%대로 저조한 수준입니다.

　이는 인공지능이 의사 결정을 내리는 과정이 불투명하여 발생하는 신뢰 문제입니다. 딥 러닝 학습이 증가하면서 인공지능이 어떤 과정을 통해 결론을 내렸는지, 인공지능의 추론 과정을 상세하게 파악할 수 없게 되었고, 사실상 심층 신경망의 규모가 커지면서 추론 과정을 이해하는 것 자체가 거의 불가능해졌습니다.

　이처럼 딥 러닝이 판단을 내린 이유를 알 수 없다는 한계점 때문에, 딥 러닝을 '블랙박스Blackbox'라고 부르기도 합니다. 결국 이러한 한계를 극복하여 인공지능이 결론을 내리게 된 과정을 상세히 설명할 수 있어야 인공지능에 대한 신뢰도가 높아지고 활용 효과도 커질 것입니다.

6. 컴퓨터 비전이란?

자율 주행, 이미지 검출, 불량품 검출과 같이 우리의 실생활에 스며든 컴퓨터 비전을 어떻게 정의내릴 수 있을까요? 간단하게 정리하면 컴퓨터 비전이란 컴퓨터를 활용하여 사진, 동영상으로부터 의미 있는 정보들을 추출하는 방법을 연구하는 학문입니다. 즉, 인간의 눈으로 사물을 보고 인지하는 과정을 컴퓨터를 통해 진행하는 것입니다.

인공지능에서 이러한 컴퓨터 비전 분야가 빛을 발하기 시작한 것은 얼마 되지 않았습니다. 2012년 제프리 힌튼 교수 연구팀은 ImageNet이라는 방대한 데이터베이스를 바탕으로 진행하는 대회인 ILSVRCImageNet Large Scale Visual Recognition Challenge에 참가하였습니다. 컴퓨터 비전 분야의 딥 러닝 모델인 AlexNet으로 대회에 출전한 힌튼 교수 팀은 오류율 16%라는 압도적인 수치로 우승을 거둬 주목을 받기 시작했습니다.

ImageNet은 1,000개 이상의 클래스와 1,000만 개 이상의 데이터셋을 지닌 이미지 분야의 대표적인 대규모Large-scale 데이터셋입니다. ImageNet 데이터베이스는 2009년에 만들어졌고, 이를 바탕으로 2010년부터 ILSVRC가 개최되었습니다.

2010년과 2011년에는 얕은 구조(층이 얕은)의 모델들이 우승을 하였으나, 2012년에는 8개의 층을 지닌 깊은 구조의 모델인 AlexNet이 우승을 거두어 새로운 방향을 제시하였습니다. 이로써 세 번째 대회가 열린 2012년은 컴퓨터 비전의 분기점이 되었습니다. 이후에 등장한 모델들은 모두 층을 깊게 쌓기 시작하였고, 2015년에는 인간의 정확도로 알려져 있는 오류율 5% 이하를 기록하게 되었습니다.

컴퓨터 비전은 어떻게 만들어졌는가

컴퓨터 비전은 영장류의 시각 피질에 대한 연구에서 유래했습니다. 1958년 데이비드 허블David H.Hubel 과 토르스텐 비셀Torsten Wiesel 의 고양이 실험을 시작으로 시각 피질에 대한 다양한 연구들이 진행되었습니다. 다양한 연구들을 바탕으로 과학자들은 시각 피질 안의 많은 뉴런이 작은 수용영역receptive field 을 이루고, 수용영역들이 겹치고 모여 전체 시야를 이룬다는 것을 발견하게 되었습니다. 또한 저수준의 패턴edge, line 들이 조합되어 복잡한 패턴texture 을 만든다는 것을 알게 되었습니다.

이러한 지식들을 구현한 것을 컨볼루션convolution이라 하며, 이를 기반으로 만들어진 알고리즘 모델이 합성곱 신경망CNN; Convolutional Neural Network 으로 발전하게 되었습니다.

CNN은 1988년 얀 르쿤Yann Lecn의 논문 「수기로 작성된 우편번호 인식에 적용된 역전파Back propagation applied to handwritten zip code recognition」에서 처음 소개되었습니다. 이 논문에서 얀 르쿤은 CNN 모델 LeNet-5를 다루었습니다. LeNet-5는 필기체 인식에서는 유의미한 결과를 거뒀지만, 다른 이미지에서는 미흡한 결과를 보여주었습니다. 그러나 앞서 언급한 ILSVRC와 같은 여러 사건들이 계기가 되어 CNN 모델은 체계적으로 발전하게 되었고, 결국 자율주행 자동차를 구상하는 일까지 계획할 수 있는 수준에 이르렀습니다.

7. 코딩이 필요없는 AI 플랫폼, 'DEEP:PHI'

지금까지 이야기한 인공지능을 구현하기 위해서는 코딩coding이 필수처럼 느껴지실 것입니다. 인공지능의 시작은 인간이 인지하고 인식하는 것을 컴퓨터가 할 수 있도록 프로그래밍하는 것이기 때문입니다. 인간이 원하는 대로 컴퓨터가 학습하고 행동할 수 있도록 알고리즘, 즉 행동 강령을 인간이 만들어주어야 한다는 문제가 딥 러닝을 비롯한 인공지능 관련 분야를 연구하고 활용하려는 사람들에게 가장 큰 장벽으로 자리 잡고 있습니다. 딥 러닝을 비롯한 머신 러닝을 공부하고 활용하기 위해 코드를 짜는 것은 코딩에 익숙한 개발자가 아니라면 피할 수 없는 문제점이지요.

또한 인공지능 모델을 만들기 위해서는 대량의 데이터와 이를 처리할 수 있는 컴퓨팅파워[8]가 필수적입니다. 게임 산업의 발전과 함께 그래픽 처리 기술은 끊임없이 발전해왔습니다. 그래픽 처리 가속기인 GPUGraphics Processing Unit는 병렬연산에 특화된 내부 구조를 통해 모니터에 3D 그래픽을 출력해주는 하드웨어로, 그래픽카드의 핵심 부품입니다. GPU는 개별 코어의 성능으로 따지면 CPUCentral Processing Unit보다 부족하지만, 비교할 수 없는 코어의 개수를 가지고 병렬컴퓨팅[9]을 가능하게 함으로써 딥 러닝의 발전에 기폭제 역할을 하였습니다. 그러나 제대로 된 딥 러닝 모델을 구축하기 위해서는 고가의 그래픽카드가 필요하고, 이에 맞는 사양의 컴퓨터도 필요합니다. 물론 아마존의 AWSAmazon Web Services, 구글의 구글 클라우드Google Cloud, 마이크로소프트Microsoft의 애저Azure와 같이 서버를 결제하여 사용할 수 있으나, 서버를 작동하는 시간에 따라 1,000만 원 이상의 비용이 소요되기도 합니다. 이처럼 인공

---

8   수학적 계산(컴퓨팅)과 관련된 컴퓨터의 성능.

9   컴퓨터의 주요 부품 중 하나인 CPU는 고수준의 연산에 특화되어 있는 반면, GPU는 저수준의 연산(행렬 계산)을 빠른 속도로 진행한다. 병렬컴퓨팅은 GPU를 활용하여 저수준의 연산을 동시에 수행하는 것을 의미한다.

지능 모델을 활용하려면 비용 역시 많이 들지요.

그렇다면 코딩 능력과 기반 장비들이 없으면 딥 러닝을 활용할 수 없을까요? 지금부터 소개해드릴 플랫폼인 DEEP:PHI는 이러한 문제점들을 모두 해소해주는, 코딩이 필요 없는 AI 플랫폼입니다. 코딩 능력은 딥노이드의 전문가들이 제작한 이미지 전처리 모듈과 신경망 모듈이 대신해줄 수 있으며, GPU를 비롯한 기반 환경 설정은 딥노이드 서버를 통해 해결할 수 있습니다. 딥노이드의 딥 러닝 전문가들이 개발한 DEEP:PHI를 통해 한결 가볍고 편리하게 인공지능 기술을 활용할 수 있는 것입니다.

앞으로 DEEP:PHI의 실습 예제들을 통해서 컴퓨터 비전 분야의 딥 러닝 분석의 종류를 학습하고, 나아가 Custom Dataset을 가지고 인공지능 모델을 학습시킬 수 있을 겁니다. 다음 장부터는 본격적으로 컴퓨터 비전과 CNN 알고리즘에 대해 알아보겠습니다.

2장

CNN
알고리즘

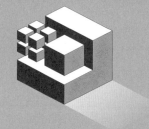

1. CNN 알고리즘과 합성곱 계층

이번 장에서는 컴퓨터 비전을 활용한 CNN 알고리즘을 살펴보도록 하겠습니다. 컴퓨터 비전을 기반으로 한 딥 러닝 Task들을 크게 Classification분류, Detection검출, Segmentation분할으로 구분할 수 있습니다. 각각 목적은 다르지만 모델을 학습하는 핵심 과정은 동일합니다. 합성곱 계층Convolutional Layer을 기반으로 한 CNN 모델을 만들고, Ground Truth와의 차이를 계산하고(=손실함수 계산), 이 차이를 최대한으로 줄이는(=가중치 최적화) 과정을 통해서 진행됩니다. 손실Loss을 줄이면 당연히 정답을 맞출 확률이 높은 모델을 만들 수 있겠죠? 그렇다면 CNN 알고리즘의 기초 개념부터 차근차근 설명하겠습니다.

컴퓨터 비전의 발전은 1988년 얀 르쿤이 LeNet-5를 통해 CNN 알고리즘을 발표하면서부터 시작되었습니다. CNN 모델의 합성곱 신경망은 기존의 완전연결신경네트워크Fully Connected Neural Network를 기반으로 한 딥 러닝 모델로 진행되어 데이터의 형상이 무시되는 문제점을 개선하였습니다.

기존의 방식인 완전연결신경네트워크는 3차원의 이미지 데이터(너비width, 높이height, 채널channels)를 1차원 벡터의 Input입력 데이터로 변환하는 과정에서 이미지 데이터의 공간적인 구조spatial structure를 무시하는 문제점을 가지고 있었습니다. 예를 들어 28×28픽셀의 이미지를 1차원의 이미지, 즉 1줄로 펴서 784픽셀의 직선으로 만드는 과정에서 데이터의 공간적인 구조를 무시하게 되는 것입니다. 결국 이미지 안에서 물체의 위치가 살짝만 변경되어도 다른 물체로 인식하게 되어 재학습이 필요하게 되는 문제점을 갖고 있었습니다. 이에 대한 해결책으로 등장한 합성곱 계층은 이미지의 지역적 정보topology의 변화에 영향을 받지 않고 이미지의 특징들을 추출하고 이를 특징맵feature map으로 만들어 기존의 문제점을 해소하였습니다.

이어서 CNN 알고리즘를 이해하기 위해 꼭 알아야 할 개념들을 설명하겠습니다.

합성곱 계층 Convolutional Layer

합성곱 계층은 CNN 알고리즘의 가장 핵심적인 개념입니다. 합성곱은 포유류의 시각 피질에서 착안되었습니다. 우리는 다른 여러 물체가 놓인 장소에 있는 특정한 컵을 독립적으로 인식하는 데 큰 불편을 느끼지 않습니다. 다른 물체와 컵이 한눈에 들어오지만 다른 물체와 컵을 혼동하지 않는 거죠. 또한 처음 보는 특수한 재질과 모양을 지닌 컵이라고 해도, '컵'의 한 종류라고 식별하는 것이 어렵지 않습니다. 이는 시각 피질에 있는 10억 개가량의 뉴런들이 0.1초보다 짧은 시간에 병렬적으로 작동하여 물체의 특성을 파악하고 물체를 독립적으로 식별할 수 있기 때문입니다.

1970년대 초 프린스턴 대학의 찰스 그로스Charles Gross 교수는 원숭이의 하측두 피질을 연구하여 시각 피질에 있는 신경세포에서 얼굴에 반응하는 뉴런을 발견했습니다. 원숭이가 물체를 인식할 때 시각 피질에 있는 여러 뉴런 집단들을 거치는데, 망막으로부터 시작하여 외측슬상핵LGN과 일차 시각 피질V1을 거쳐 물체의 가장자리와 같은 단순한 시각적 형태를 인식합니다. 이후 이차 시각 피질V2과 시각 영역V4에선 보다 복잡한 시각적 형태들을 식별하게 되고, 후방 하측두 피질PIT과 전방 하측두 피질AIT에서 얼굴처럼 고도로 복잡한 형태의 객체를 식별하게 됩니다. 이후 전전두엽 피질에서 정언적 판단과 의사 결정을 내리고 척수를 통해 행동하는 것입니다.

시각 피질과 유사한 합성곱 계층은 입력받은 이미지에 대한 특징을 추출하는 기능을 하는 필터filter와 필터의 값을 비선형 값으로 바꾸어주는 활성화 함수activation function로 이루어져 있습니다.

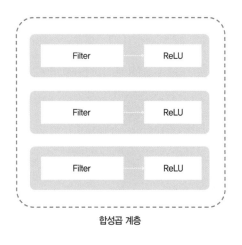

합성곱 계층

필터와 활성화 함수로 이루어진 합성곱 계층

2. 필터

필터는 어떤 특징이 데이터에 있는지 없는지를 판단하는 함수입니다. 예를 들어 아래와 같이 곡선이 있는지 없는지 판단해주는 필터가 있다고 합시다.

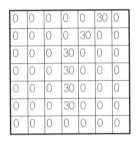

오른쪽 그림으로 필터를 구현하게 되면 위의 왼쪽 그림의 행렬로 정의가 됩니다. 필터를 적용하는 입력 데이터 역시 필터를 적용하면 행렬로 변환이 되는데 아래 그림을 보면 이해가 더 빠를 것입니다.

×

쥐 그림의 좌측 상단에서 잘라낸 이미지에 필터를 적용한 결과입니다. 잘라낸 이미지와 필터를 곱하면 다음과 같은 결과 값을 가지게 됩니다.

Multiplication and Summation =
$(50 \times 30) + (50 \times 30) + (50 \times 30) + (20 \times 30) + (50 \times 30) = 6600$(A large number)

만약에 아래 그림처럼 쥐 그림에서 곡선이 없는 부분에 같은 필터를 적용해보면

  ×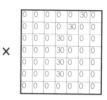

결과 값이 0에 수렴하게 나옵니다. 즉, 필터는 입력 데이터에서 그 특성을 가지고 있으면 결과 값이 큰 값이 나오고, 특성을 가지고 있지 않으면 결과 값이 0에 가까운 값이 나와서 데이터가 그 특성을 가지고 있는지 없는지를 알 수 있게 해줍니다.

다중 필터의 적용

입력 값에는 여러 특징이 있기 때문에 하나의 필터가 아닌 여러 개의 다중 필터를 적용하게 됩니다. 세로선(│), 가로선(─), 교차선(┼) 모양을 특징으로 지닌 데이터에 필터를 적용하는 경우를 예로 들어 설명해보겠습니다.

각 데이터가 세로선(│)과 가로선(─)의 특징을 가지고 있는지를 파악하기 위해서 먼저 세로선(│)의 특징을 추출하는 필터를 적용해보면 다음과 같은 결과가 나옵니다.

맨 앞의 상자는 필터를 나타내며, 두 번째 상자부터 입력 데이터에 세로선(│)이 없는 경우 결과 이미지에 출력이 없고, 세로선이 있는 경우에는 결과 이미지에 세로 선이 있는 것을

확인할 수 있습니다. 마찬가지로 가로선(—)의 특징을 추출하는 필터를 적용해보면 다음과
같은 결과를 얻을 수 있습니다.

이렇게 각기 다른 특징을 추출하는 필터를 조합하여 네트워크에 적용하면 원본 데이터
가 어떤 형태의 특징을 가지고 있는지를 판단해낼 수 있습니다. 다음은 하나의 입력 데이터에
앞서 적용한 세로와 가로선에 대한 필터를 동시에 적용한 신경망(네트워크)의 모양입니다.

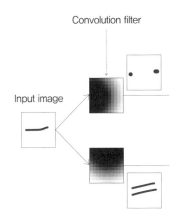

단순한 이미지에 필터를 적용하는 과정을 살펴보면 다음과 같은 두 가지 질문을 떠올릴
수 있습니다. '이러한 필터를 어떻게 원본 이미지(입력 데이터)에 적용할 수 있을까?', '크기
가 크고 복잡한 사진에 하나의 큰 필터만을 적용할까?' 이와 같은 의문을 차근차근 해소해보
겠습니다.

다음 그림과 같이 5×5 크기의 입력 데이터(①)가 있을 때 3×3 사이즈의 필터(②)를 좌
측 상단부터 적용해보겠습니다. 이때 필터를 적용한 결과값은 (1×1+1×0+1×1+0×0+1×
1+1×0+0×1+0×0+1×1=4)가 됩니다. 이러한 방식으로 좌측 상단에서 필터를 적용하면

③과 같은 3×3 모양의 합성곱행렬Convolution Matrix 이 만들어집니다. 이때 필터를 한 칸씩 옮겨가며 적용했는데, 이 경우 필터를 적용하는 간격stride 을 1이라고 표현합니다. 필터를 적용해서 얻어낸 결과를 특징맵이라고 하는데, 특징맵의 크기는 3×3으로 필터를 적용하기 전의 입력 데이터보다 작아졌습니다. 필터를 적용한 5×5 입력 데이터는 3×3 필터를 1의 간격stride 으로 적용하면 3×3으로 크기가 작아지는 것입니다.

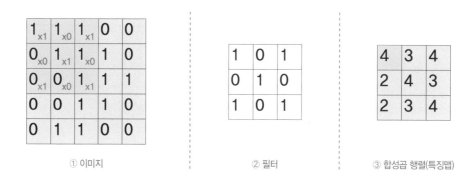

① 이미지   ② 필터   ③ 합성곱 행렬(특징맵)

그런데 CNN 네트워크는 하나의 필터 레이어가 아니라 여러 필터를 연속적으로 적용, 특징을 추출하여 최적화하려는 목적을 가지고 있습니다. 따라서 필터 적용 후 결과가 너무 작아지게 되면 원본 이미지의 특징이 유실될 수가 있습니다. 필터를 적용하여 특징이 유실되는 것을 기대한 경우라면 문제가 없겠지만, 특징을 추출하는 것이 목적인 경우에는 추출되기도 전에 결과가 작아지면 특징이 유실되는 문제가 생깁니다. 이를 방지하기 위해 Padding이라는 기법을 사용하는데, 이것은 입력 값 주위에 '0' 값을 넣어 입력 값의 크기를 인위적으로 키움으로써 결과가 작아지는 것을 방지하는 기법입니다.

다음 그림을 보면, 32×32×3(이는 각각 너비, 높이, 채널을 가리키고, 채널은 이미지의 RGB 값을 의미합니다) 입력 값이 있을 때, 5×5×3 필터를 간격 1로 적용하면 특징맵의 크기는 28×28×3이 됩니다. 이처럼 사이즈가 작아지는 것을 원하지 않을 때 Padding 기법을 적용하는 것입니다. 다음과 같이 원본 이미지 주위를 0으로 둘러쌓아 결과 값이 작아지고 특징이 소실되는 것을 막습니다.

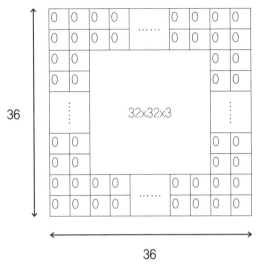

32×32×3 입력 데이터에 폭이 2인 패딩을 적용한 예

32×32×3 입력 데이터 둘레로 0을 2칸 둘러주면 입력 데이터의 크기는 36×36×3이 되어 55×3 필터를 적용하더라도 특징맵은 32×32×3으로 유지됩니다.

Padding은 특징맵이 작아지는 것을 막아서 특징이 유실되는 것을 막을 뿐만 아니라, 입력 데이터에 0 값을 넣어서 원래의 특징을 희석시킴으로써 머신 러닝 모델이 학습Training 값에만 정확하게 맞아 들어가는 과적합Overfitting 현상 또한 방지합니다.

그렇다면 CNN에서 사용되는 이런 필터 값을 어떻게 만드는 걸까요? CNN의 놀라운 기능이 바로 여기에 있는데, 데이터를 넣고 학습을 시키면 자동으로 학습 데이터에서 특징을 인식하고 필터를 만들어낼 수 있습니다.

3. 활성화 함수

필터들을 통해서 특징맵이 추출되었으면, 이 특징맵에 활성화 함수를 적용하게 됩니다. 활성화 함수를 이해하기 위해, 앞서 언급한 쥐 그림에서 곡선이라는 특징이 입력 데이터에 나타나 있는지 확인하는 필터에서, 결과 값이 6,600이 나온 예시와 0으로 나온 예시를 다시 살펴보겠습니다.

두 예시 모두 정량적인 값이 나오기 때문에, 찾으려는 특징을 '있음'과 '없음'이라는 비선형 값으로 바꾸어주는 과정이 필요합니다. 이것이 바로 활성화 함수의 기능이라고 할 수 있습니다. 간단하게 짚고 넘어가면 참인지 거짓인지 결정하는 임계값을 0.5default로 설정하여 0.5를 넘으면 참True, 0.5를 넘지 않으면 거짓False으로 표현Return하는 것입니다.

신경 네트워크(신경망)나 CNN은 활성화 함수로 시그모이드 함수를 잘 사용하지 않고 ReLU 함수를 주로 사용합니다. 신경 네트워크에서 신경망이 깊어질수록 학습하기가 어렵기 때문에, 순전파를 거쳐 출력층에서 나온 결과 값과 정답을 비교하며 다시 계산하는 역전파라는 방법을 사용합니다. 그런데 활성화 함수로 시그모이드 함수를 사용하면 레이어가 깊어질수록 기울기 소실 현상이 발생하여 역전파가 제대로 되지 않습니다. ReLU 함수는 이러한 현상을 방지할 수 있어 활성화 함수로 사용되는 것입니다.

이번 장에서는 7가지 활성화 함수, 시그모이드Sigmoid 함수, 소프트맥스Softmax 함수, LogSumExp 함수, tanhHyperbolic Tangent Function 함수, ReLURectified Linear Unit 함수, Leaky ReLU 함수, ELUExponential Linear Unit 함수에 대해 알아보겠습니다.

시그모이드 함수

시그모이드 함수는 로지스틱Logistic 함수라고도 합니다. 시그모이드 함수는 선형인 다중 퍼셉트론Multi Perceptron에서 비선형 값을 얻기 위해 사용하기 시작했습니다. 시그모이드 함수 와 시그모이드 함수의 미분함수를 그래프로 나타내면 아래와 같습니다.

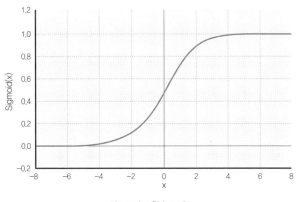

시그모이드 함수 그래프

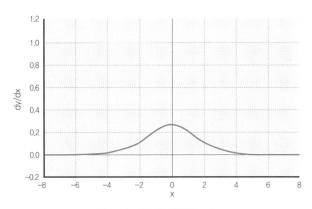

시그모이드 함수의 미분함수 그래프

시그모이드 함수는 함숫값이 0과 1 사이의 값으로 제한되는 비선형 함수로 미분 가능한 연속성을 갖고 있습니다. 또한 그래프를 보면 알 수 있듯 매우 큰 값을 가지면 함숫값은 1에 근접하며, 매우 작은 값을 가지면 함숫값은 0에 근접합니다. 또한 모든 점에서 음이 아닌 미분값을 가지고 변곡점이 하나인 단조함수입니다.

시그모이드 함수는 인공 뉴런의 활성화 함수로, 통계학에서는 로지스틱 분포, 정규 분포, 스튜던트 t 분포 등의 누적 분포 함수로 사용되었습니다. 그러나 최근에는 기울기 소실 현상을 비롯한 몇 가지 단점들 때문에 사용하지 않게 되었습니다.

소프트맥스 함수

소프트맥스 함수는 3개 이상의 결과 중에서 1개를 고르는 다중 클래스 분류 문제에서 활용되고 있습니다. 소프트맥스 함수는 Normalized Expotential Function이라고 불리기도 하며, 아래와 같이 정의하고 있습니다.

$$\sigma : IR^K \to IR^K, z = (z_1, ..., z_k) \text{에 대하여} \qquad \sigma(\vec{z})_i = \frac{e^{z_i}}{\displaystyle\sum_{j=1}^{K} e^{z_j}}$$

소프트맥스 함수는 분류기Classifier의 가장 마지막 단의 분류 클래스에 해당하는 가장 높은 확률을 추출하며, 다양한 다중 분류 방법에서 사용되고 있습니다.

LogSumExp 함수

머신 러닝 이론에 이용되고 있는 LogSumExp 함수는 순증가하는 볼록함수입니다. LogSumExp 함수를 Realsoftmax 함수 혹은 softplus 함수라고 부르기도 하며, 이 함수는 아래와 같이 정의하고 있습니다.

$$LSE(x_1, ... x_n) = \log(\exp(x_1) + ... + \exp(x_n))$$

이러한 LogSumExp 함수와 앞에서 소개한 소프트맥스 함수는 다음과 같은 관계가 성립합니다.

$$\frac{\partial}{\partial x_1} LSE(x) = \frac{\exp x_i}{x_j}$$

tanh 함수

tanh 함수는 삼각함수와 유사한 성질을 가지는 함수로, 표준 쌍곡선을 매개변수로 표시할 때 나오는 쌍곡선함수의 하나입니다. tanh 함수는 시그모이드 함수의 식을 변형해서 얻을 수 있고, 아래와 같이 정의하고 있습니다.

$$\tanh(x) = \frac{e^x - e^{-x}}{e^x + e^{-x}}$$

tanh 함수와 tanh 함수의 기울기를 나타낸 미분함수를 그래프로 나타내면 다음과 같습니다.

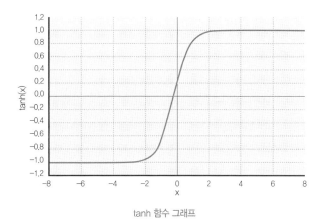

tanh 함수 그래프

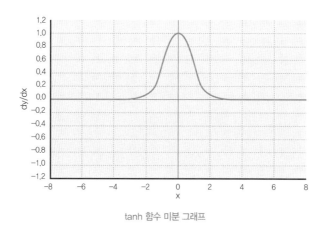

tanh 함수 미분 그래프

이처럼 tanh 함수는 함수의 중심값을 0으로 옮겨 시그모이드 함수의 최적화 과정이 느려지는 문제를 해결하였지만, 값이 일정 이상으로 커질 때 기울기(미분값)가 소실되는 문제 (기울기 소실 문제)는 여전히 남아 있습니다.

ReLU 함수

ReLU 함수는 최근 가장 많이 사용되는 활성화 함수입니다. ReLU 함수는 아래와 같이 정의되고, 그래프는 다음과 같습니다.

$$f_{(x)} = \max(0, x)$$

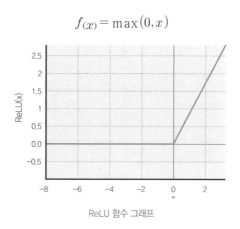

ReLU 함수 그래프

ReLU 함수는 x>0인 경우 기울기가 1인 직선이고, x<0인 경우 함숫값이 0이 됩니다. 또한 활성화 함수로 활용했을 때 시그모이드 함수나 tanh 함수 대비 학습 속도가 훨씬 빨라집니다. 연산의 비용이 크지 않고 구현이 매우 간단하다는 장점을 가지고 있으나, ReLU 함수에서 x<0일 경우 기울기가 0이기 때문에 뉴런이 죽을 수 있다는 문제가 있습니다.

Leaky ReLU 함수

Leaky ReLU 함수는 ReLU 함수의 문제점인 뉴런이 죽는 현상Dying ReLU 을 해결하기 위한 함수입니다. Leaky ReLU 함수도 형태가 매우 간단하며 다음과 같이 정의됩니다.

$$f_{(x)} = \max(0.01x, x)$$ (이때, 0.01 대신 다른 매우 작은 값으로도 사용 가능)

이러한 Leaky ReLU 함수는 x<0일 때 기울기가 0이 되지 않는다는 점을 제외하면 ReLU 함수와 같은 특성을 갖습니다.

ELU 함수

ELU 함수도 뉴런이 죽는 현상을 해결하기 위한 함수입니다. 지수 함수를 이용하여 x<0일 때 기울기가 0인 직선을 곡선으로 바꾸어 기울기 소실 문제를 완화시킵니다.

알파 값을 Parameter로 받게 되는데, 일반적으로는 1로 설정이 됩니다. 알파 값이 1이 아닌 다른 값을 가지게 되는 경우 SeLU Scaled Exponential Linear Unit 함수라고 부릅니다.

$$f_{(x)} = \max(\alpha x, x)$$

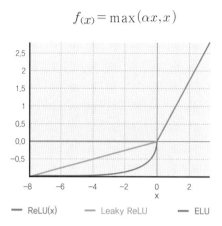

ReLU 함수·Leaky ReLU 함수·ELU 함수 그래프 비교

이와 같이 여러 종류의 활성화 함수가 있으나, 일반적으로 많이 사용되는 함수는 ReLU 함수입니다. ReLU 함수가 다른 활성화 함수에 비해 간단하고 사용이 쉽기 때문입니다. ReLU 함수 외에, 모델의 층이 많은 경우, 즉 은닉층이 많은 모델의 역전파 과정에서 x<0인 뉴런이 죽어 발생하는 기울기 소실 현상을 해결하기 위한 Leaky ReLU, ELU, SeLU 함수도 좋은 선택지가 될 수 있습니다. 그러나 시그모이드 함수는 기울기 소실 등의 문제로, tanh 함수는 성능의 문제로 잘 사용되지 않습니다.

4. CNN 알고리즘 필수 개념

Sub Sampling

이렇게 합성곱 계층을 거쳐서 추출된 특징들은 필요에 따라서 Sub Sampling이라는 과정을 거치게 됩니다. 합성곱 계층을 통해 추출된 모든 특징들에 기대어 판단을 할 필요가 없습니다. 모든 특징을 분석한다면 컴퓨터 용량에서도 손실이 생기고 오히려 특징을 잡아내기 어렵기 때문입니다.

이러한 문제를 해결하기 위한 Sub Sampling에는 여러 방법이 있습니다. 대표적으로 Max Pooling, Average Pooling, L2-norm Pooling 등이 있고, 그중 Max Pooling 기법이 가장 많이 사용되고 있습니다.

Max Pooling

Max Pooling은 특징맵/활성화맵을 M×N의 크기로 잘라낸 후, 그 안에서 가장 큰 값을 뽑아내는 방법입니다. 왼쪽 그림은 4×4 활성화맵에서 2×2 Max Pooling 필터를 간격 2로 적용하여 Max

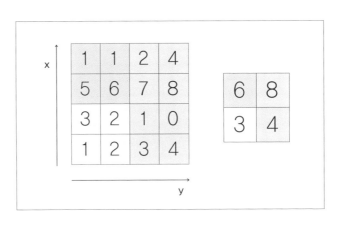

Pooling을 한 예시입니다. 좌측 상단 2×2 영역에서는 6이 가장 큰 값이기 때문에 6을, 우측 상단 2×2 영역에서는 8이 가장 큰 값이기 때문에 8을 추출한 것입니다.

이러한 샘플링을 활용하면 데이터의 차원을 줄여 연산에 소요되는 컴퓨팅 리소스를 감소시키고 신경망의 연산 효율성을 높여줍니다.

완전 연결 계층 Fully Connected Layer

합성곱 계층에서 특징이 추출되었으면 이 추출된 특징 값을 기존의 신경 네트워크에 넣어서 학습을 진행합니다. 이때 CNN 네트워크 모양은 최종적으로 아래와 같아집니다.

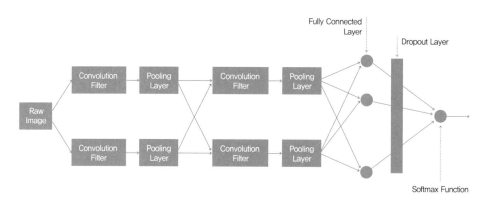

CNN 네트워크의 모양

드롭아웃 계층 Dropout layer

위의 CNN 네트워크에서 완전 연결 계층과 소프트맥스 함수 중간에 드롭아웃 계층이 존재하는 것을 볼 수 있습니다. 이 계층은 과적합을 막기 위한 수단 중 하나로, 신경망이 학습 중일 때 뉴런을 임의적으로 꺼서 학습을 방해함으로써 신경망이 학습 데이터에만 치우치는 것을 막아줍니다. 즉, 신경망이 학습 데이터를 단순하게 암기하는 것이 아니라 유연하게 학습할 수 있도록 유도하는 것입니다.

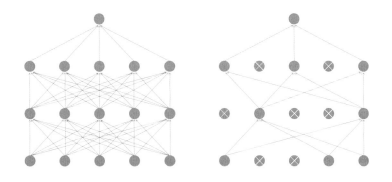

드롭아웃을 적용한 네트워크

일반적으로 CNN에서는 이 드롭아웃 계층을 완전 연결 계층 뒤에 놓지만, 상황에 따라 서는 Max Pooling 계층 뒤에 놓기도 합니다.

지금까지 CNN을 구성하는 필수 개념 요소들에 대해서 살펴보았습니다. 그렇다면 이 개념들로 CNN을 완벽하게 학습하고 구성할 수 있을까요? 필수 개념들로 CNN을 이해할 수는 있겠으나, 학습 데이터에만 사용할 수 있는 유연성 없는 모델 이상을 만들기는 어렵습니다. 게다가 최적의 성능을 추구하거나 모델 수렴 속도를 개선하는 등의 복잡한 작업은 더욱 요원할 것입니다.

딥 러닝의 세계에서는 정확도를 1~2% 개선하기 위해 수많은 기법들이 시도됩니다. 인공지능 붐은 이러한 노력들의 산물이기도 합니다. 이처럼 최고의 딥 러닝 모델을 만들기 위한 노력으로 만들어진 개념들이 어떤 것이 있는지 살펴보도록 하겠습니다.

Hyperparameter

딥 러닝 모델을 학습시키는 것은, 산 정상에서 최적의 방향으로 최단 시간을 소요하여 하산할 수 있는 방법을 찾는 것과 비슷합니다. 딥 러닝 모델에서는 신경 네트워크의 은닉층에서 서로 연결되어 있는 뉴런들 사이에서 최적의 가중치들을 찾아가는 것입니다. 앞서 설명한 역전파는 최적의 가중치를 찾기 위해 신경 네트워크가 학습을 진행하는 방향의 반대 방향으로 미분을 진행하며 최적 가중치의 기울기를 찾아가는 기법입니다. 이런 과정들을 가능하게 하는 변수들이 Parameter와 Hyperparameter입니다. Parameter는 모델 안에 있는 변수이자 우리가 변경할 수 없는 변수이고, Hyperparameter는 우리가 변경하여 모델의 Parameter 변환에 영향을 끼치는 변수입니다. 이어서 Hyperparameter의 종류를 살펴보겠습니다.

Batch Size

Batch의 사전적 의미는 '집단, 묶음'입니다. 딥 러닝에서의 Batch는 몇 개의 데이터를 한 묶음으로 판단하여 모델의 가중치를 업데이트할 것인지, 즉 묶음의 크기를 의미합니다. 총 960개의 데이터가 있고 Batch의 크기를 16으로 설정하면, 16개의 데이터를 하나의 Batch로 판단하여 가중치를 한 번씩 업데이트하게 됩니다. Batch Size를 너무 크게 잡으면 Batch를 한 번 돌 때마다 너무 많은 컴퓨팅 리소스를 소모하게 되고 메모리 부족 문제가 발생합니다. 그러나 Batch Size가 너무 작으면 가중치를 너무 자주 업데이트하여 모델 학습이 원활하게 진행되지 않으므로 적절한 값을 찾는 것이 중요합니다. Batch Size는 보통 2의 승수(2^2, 2^3, $2^4\cdots$)로 설정합니다.

Epoch

딥 러닝에서 Epoch는 학습의 횟수, 곧 가중치의 업데이트 횟수를 의미합니다. 학습 데이터에 포함되어 있는 모든 데이터 값들이 한 번씩 딥 러닝 모델에 입력된 뒤에(순전파와 역전파 과정을 거친 후에) 가중치 값을 갱신합니다. 예를 들어 960개의 학습 데이터를 가진 딥 러닝 모델에 Batch를 16, Epoch는 10으로 설정하면 (960/16)×10=600번 가중치를 업데이트하게 됩니다.

Optimizer

딥 러닝 모델의 학습은 가중치를 업데이트하면서 진행되고, 순전파와 역전파를 거치며 모든 Parameter에 대한 네트워크 오차의 기울기를 업데이트하는 방향으로 진행됩니다. 이는 출력 값과 정답 사이의 오차Loss를 줄이기 위해 가중치와 편향값bias 을 업데이트하는 방향으로 학습이 진행되는 것입니다.

은닉층의 레이어가 깊어질수록 오차 계산이 복잡해지고 시간도 오래 걸리게 됩니다. 이러한 문제를 극복하기 위해 나온 방법이 바로 경사하강법gradient descent입니다.

경사하강법과 손실함수

경사하강법이란 손실함수의 그래프를 반복적으로 학습하여 가중치를 업데이트하면서 최저점을 찾는 방법을 말합니다. 이때 손실함수는 예측과 정답 사이의 오차를 줄이기 위해 가중치를 수정하는 함수이며, 경사하강이란 해당 손실함수의 미분값(기울기)을 구하여 미분값이 0에 가장 가까운 지점(최저점)으로 다가간다는 의미입니다. 텐서플로우TensorFlow 나 파이토치Pytorch 와 같은 딥 러닝 프레임워크에서는 자동으로 미분값을 계산해줍니다.

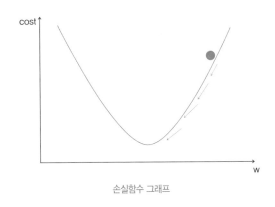

손실함수 그래프

물론 이 방법에도 여러 문제점이 존재합니다. 학습률Learning Rate(딥 러닝 모델의 중요한 Hyperparameter 중 하나)의 정도를 어떻게 설정할 것인지, 방향의 정도를 어떻게 설정할 것인지에 따라 결과가 달라지기 때문입니다. 우리가 찾고 있는 손실함수의 최저점이 Global Minimum전역최소점인지 Local Minimum지역최소점인지 확신할 수 없기 때문입니다. 이에 대한 해결책으로 다양한 Optimizer 함수들이 존재합니다. DEEP:PHI 내부에 탑재되어 있는 대표적인 Optimizer 함수들에 대해서 간략히 알아보도록 하겠습니다.

SGD Stochastic Gradient Decent

SGD는 전체 학습 데이터 대신 전체 데이터를 batch로 나누어 학습을 진행하는 Optimizer입니다. 예를 들어 6,000개의 데이터가 있고 batch size가 8이라면, 6,000번 학습하는 것이 아니라 750개의 mini-batch에 대해서만 학습을 진행하는 것입니다. 이 방법을 사용하면 최저점까지는 빠르게 수렴할 수 있지만, 많이 헤맬 수도 있습니다. 효율적으로 수렴 방법을 찾기 위해서는 탐색 방향과 학습률을 잘 조정해야 합니다.

AdaGrad Adaptive Gradient

AdaGrad는 변수들을 업데이트할 때 Parameter마다 사이즈를 다르게 설정해서 이동하는 기법입니다. 지금까지 많이 변동되었던 Parameter들은 학습률을 적게 가져가고, 많이 변동되지 않았던 Parameter들은 학습률을 높게 가져가는 것입니다. 다만 학습을 많이 진행하게 되면 학습률이 너무 작아져 결국 움직임이 없어질 수 있다는 단점이 있습니다.

RMSProp Root Mean Square Propagation, AdaDelta Adaptive Delta

이 두 기법은 AdaGrad의 단점을 보완하기 위해 등장한 기법입니다. RMSProp은 상대적인 크기(많이 변동되었던 Parameter와 그 반대)를 유지하면서 이동하는 기법으로, 학습률이 너무 작아져 움직임이 없어지는 단점을 보완했습니다.

AdaDelta 기법은 RMSProp을 기반으로 신경망이 전역학습률Global Learning Rate까지 결

정할 수 있도록 하는 기법입니다. AdaGrad와 학습률을 유동적으로 가져간다는 개념은 비슷하지만, AdaDelta는 델타값(이전 Parameter와의 차이 값으로, 갱신하는 값을 의미)으로 학습률을 유동적으로 변경한다는 차이점이 있습니다.

ADAM Adaptive momentum estimation

현재 가장 많이 사용되는 Optimizer입니다. 무엇을 써야 할지 모르면 '우선 Adam'이라는 이야기가 있을 정도로 가장 많이 사용됩니다. 이전 Optimizer들의 장점들을 취합해 비교적 최근에 만들어진 것으로, Momentum과 RMSProp을 함께 사용한 것으로 생각하시면 됩니다.

5. 과적합과 해결 방법

지금까지 성능과 학습 시간을 최적화하는 방법을 알아보았다면 이번에는 어떻게 모델이 실제 데이터에서도 사용될 수 있을지 알아보겠습니다. 지금부터 딥 러닝 분야에서 모델의 성능을 떨어뜨리는 과적합 문제와 과적합을 방지하는 방법들을 살펴보겠습니다.

과적합이란?

딥 러닝에서는 어떤 데이터를 넣어도 일반적으로 잘 들어맞는 모델을 만드는 것이 중요합니다. 하지만 모델을 학습할 충분한 데이터를 확보하지 못한다면 모델의 성능을 저해하는 과적합 문제가 쉽게 발생할 수 있습니다.

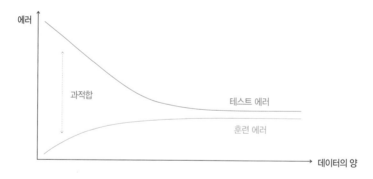

데이터의 양과 알고리즘의 에러 간의 상관관계

과적합이란 모델이 학습 데이터에만 지나치게 학습·적응하여 테스트 데이터나 실제 데이터에 대해서는 성능을 제대로 발휘하지 못하는 것을 의미합니다. 예를 들어 정장을 만드는 디자이너가 있다고 가정해봅시다. 디자이너는 패션 모델들을 고용하여 그들의 체형에 맞는 정장을 만들었습니다. 그 후 이 정장을 기성품으로 출시했는데 사람들에게 외면받고 말았습니다. 정장이 다양한 체형을 가진 사람들에게 맞지 않았던 것입니다. 즉, 디자이너는 패션 모델의 체형에 과적합된 방식으로 정장을 만든 것입니다. 이처럼 주어진 학습 데이터에 맞는 학습만 진행하면 다양한 실제 데이터를 제대로 처리할 수 없게 됩니다.

일반적으로 잘 들어맞는 모델을 만들기 위해서는 다양하고 많은 데이터를 학습하는 것이 중요합니다. 하지만 다양하고 많은 양의 데이터를 확보하기는 쉽지 않습니다. 대표적으로 의료 영상 데이터의 경우 어느 부분이 장기이고 종양인지 알아볼 수 있는 데이터, 즉 의료 영상을 판독할 수 있는 학습에 필요한 정답 데이터를 확보하는 데 비용이 많이 들어 다량의 학습 데이터를 구축하는 것이 쉽지 않습니다. 이러한 데이터 부족 문제를 해결할 수 있는 방안이 바로 Data Augmentation데이터 증강입니다.

Data Augmentation

Data Augmentation은 특정 학습 데이터에 인위적인 변화를 가해 새로운 학습 데이터를 확보하는 방법을 의미합니다. 현실 세계에서도 실제로 존재할 법한 데이터를 생성함으로써 좀 더 일반화된 모델을 얻는 것을 목표로 합니다. Data Augmentation에 사용되는 영상 처리 기법은 무작위로 뒤집기flip, 회전rotate, 자르기crop, 움직이기shift 등 영상의 물리적 형태를 변환하는 기법부터 역상invert, 밝기Brightness, 대조Contrast와 같이 색과 관련된 설정들을 변환해주는 기법들까지 다양하게 존재합니다.

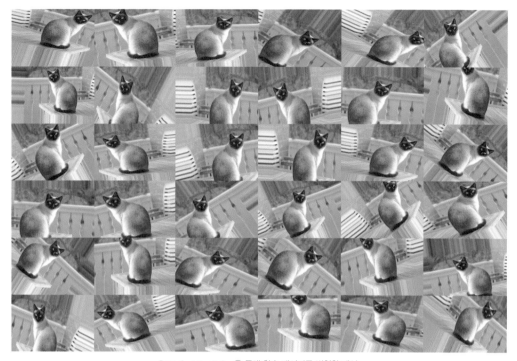

Data Augmentation을 통해 학습 데이터를 변형한 예시

3장

DEEP:PHI
소개

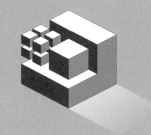

DEEP:PHI를 설명하기에 앞서 이해를 돕고자 저의 시스템 시뮬레이션 경험을 이야기해보고자 합니다. 저는 물리 법칙이 적용되는 운동역학 분야에서 미분방정식을 활용해 물리적 현상을 설명하는 시스템을 다루었습니다. 미분방정식을 하나하나 코드로 작성해서 시뮬레이션 환경을 꾸려야 했고, 이 과정은 참 지루하고 복잡했습니다. 그런데 어느 날 MATLAB의 Simulink를 알게 되었고, 신세계를 만난 기분이었습니다.

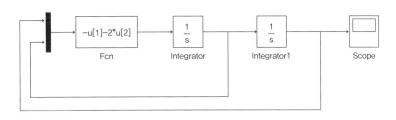

Simulink 예시

이는 적분기와 파형을 관찰하는 스코프scope 와 적분들 사이의 관계를 설명하는 함수Function 를 연결하여 만든 시스템입니다. 이토록 간단하게 블록을 이용해 시스템을 시뮬레이션할 수 있다는 것은 정말 대단한 일이었습니다. 위 그림으로 시뮬레이션하고자 한 것은 바로 아래의 수식입니다.

$$\ddot{x} = -2\dot{x} - x$$

위 그림의 미분방정식

흔히들 2계미분방정식이라고 부르는 위의 수식은 간단해 보이지만 시뮬레이션을 하기 위해서는 Runge-Kutta라는 방법으로 코딩하는 과정을 한 번 더 거쳐야 합니다. 코딩 과정을 거치지 않고 블록의 연결만으로 시뮬레이션을 구현한다는 것은 대단히 효율적입니다.

이후 저는 딥 러닝을 활용한 다양한 일을 하게 되었습니다. 딥 러닝을 공부할 때 수학적 표현보다는 코딩 그 자체에 어려움을 느꼈던 것 같습니다. 흔히 네트워크라고 부르는 딥 러닝 모델이 핵심인 듯하지만, 이를 실제로 응용하기는 어렵지 않습니다. 그보다는 데이터를 전처리하고 그 결과를 관찰하는 것이었습니다. 물론 코딩 기술을 익히는 것도 중요하지만 결과에 무게를 두는 사람들에게는 코딩이라는 절차가 큰 진입장벽으로 다가왔습니다. 텐서플로 TensorFlow나 파이토치PyTorch 같은 효율적인 도구가 있어도 말이죠.

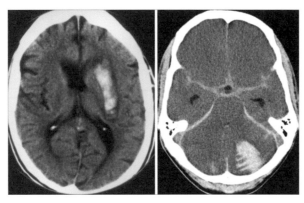

뇌출혈 CT 슬라이스 사진

위는 뇌출혈 CT 사진입니다. 이 사진을 바탕으로 딥 러닝을 하려면 아래 그림과 같은 작업 파이프라인을 만들어야 합니다.

뇌출혈 CT 데이터를 이용한 딥 러닝 모델 파이프라인

위 그림에 나열된 블록들은 코딩 작업을 거쳐야 구현할 수 있습니다. 코딩을 모른다면 엄두도 못 낼 만한 작업이겠죠. 그런데 위와 같은 파이프라인을 코딩 없이 실행할 수 있는 도구가 있습니다. 바로 지금부터 소개해드릴 DEEP:PHI입니다.

1. Hello DEEP:PHI

보통 C++이나 파이썬Python과 같은 언어를 학습하기 위해 환경을 구축하고 난 후 가장 많이 하는 일이 'Hello World'라는 문장을 프린트해보는 것인데요. 그 과정을 'Hello World'라고 말하기도 합니다. 이 단계는 공부할 준비가 되었음을 뜻하기도 합니다. 지금부터 DEEP:PHI의 Hello World 단계를 진행해보겠습니다.

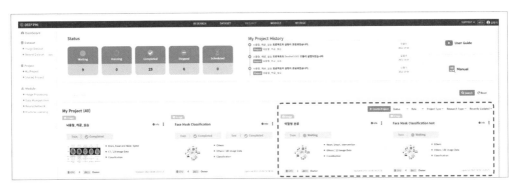

DEEP:PHI의 대시보드 화면

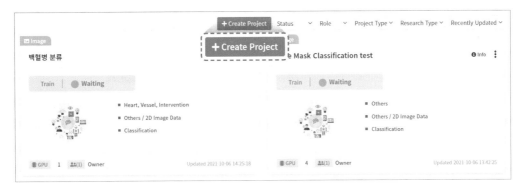

Create Project 버튼

DEEP:PHI의 대시보드에서 Create Project 버튼이 있습니다. 이 버튼을 눌러 새 프로젝트를 하나 만듭니다.

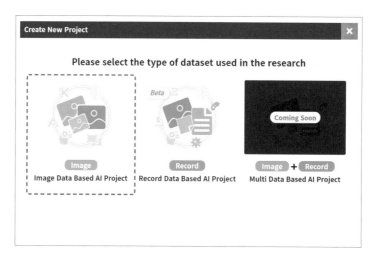

Dataset 유형 선택 화면

Image 데이터, 흔히 Table 데이터라고 알려진 Record 데이터, 그리고 둘을 혼합한 유형 (Image+Record) 중에서 Image를 선택합니다.

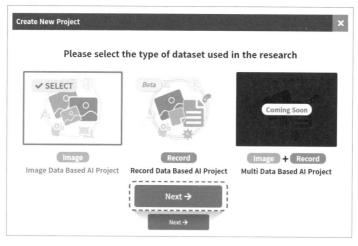

Dataset 유형 선택 화면에서 Next 버튼이 활성화된 화면

이어서 Next를 선택합니다.

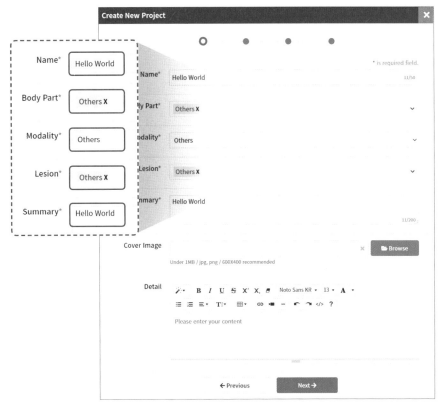

New Project를 생성하는 화면

위와 같이 정보를 채워넣고 다시 Next를 선택합니다.

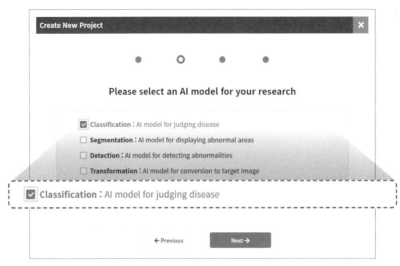

프로젝트 모델 선택 화면

프로젝트 모델 중 Classification을 선택합니다.

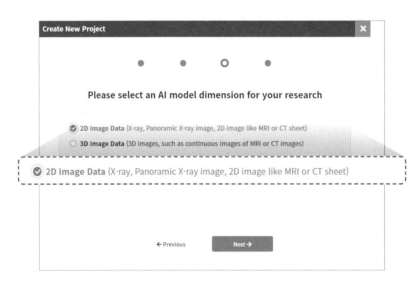

이미지 데이터의 차원 선택 화면

모델의 차원 중 2D Image Data를 선택합니다.

프로젝트의 빈 화면

화면의 왼쪽에서 Dataset을 선택한 뒤 Others를 선택합니다.

Dataset에서 OX_dataset을 선택하는 화면

그다음 OX_dataset을 선택합니다. 해당 블록을 드래그하여 프로젝트 편집 공간(Flow 화면)으로 가져옵니다.

Dataset에서 OX_dataset을 드래그하여 편집 공간에 위치시키는 화면

Dataset을 위와 같이 가지고 오면 Dataset이 Flow 화면에 위치하게 됩니다.

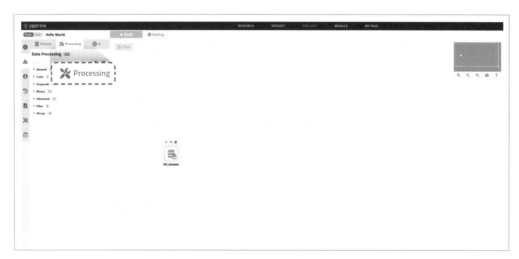

Processing 탭을 선택하는 화면

왼쪽 상단 탭에서 가운데에 위치한 Processing 탭을 선택합니다.

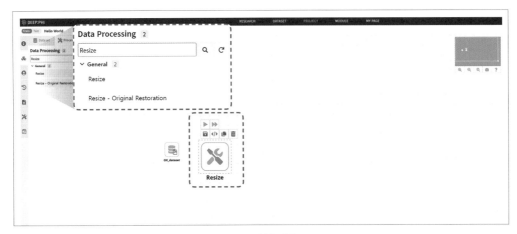

Resize 블록 배치

Data Processing 바로 밑 검색창에 Resize를 검색한 뒤 나타난 블록을 위와 같이 배치합니다.

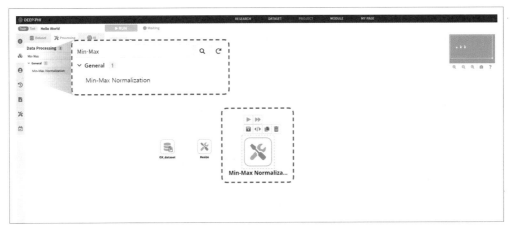

Min-Max Normalization 블록 배치

이어서 Min-Max라고 검색하여 Min-Max Normalization을 위와 같이 배치합니다.

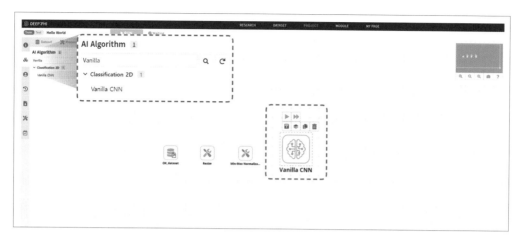

Vanilla CNN 블록 배치

이번에는 AI Algorithm 탭을 선택해서 Vanilla라고 검색한 후 Vanilla CNN을 선택하여 위와 같이 배치합니다.

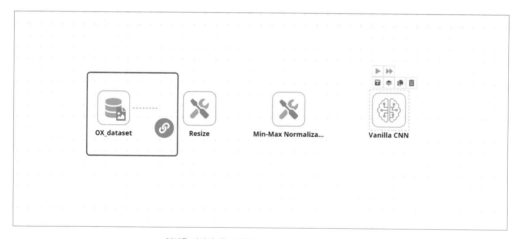

연결을 시작하려는 블록에 링크 마크가 활성화된 모습

위와 같이 마우스를 블록의 가운데에 옮겨 두면 링크 마크가 활성화됩니다.

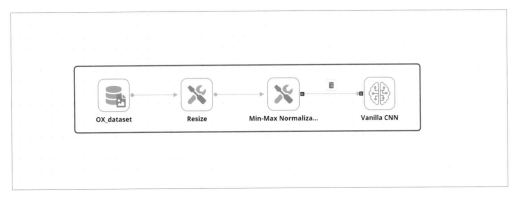

모든 블록이 연결된 모습

링크 마크를 마우스로 잡고 옆 블록으로 연결합니다. 위와 같이 모든 블록이 연결되도록 합니다.

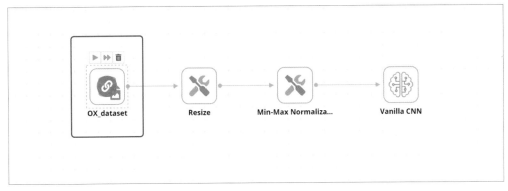

OX_dataset 블록 실행

OX_dataset 블록에 마우스를 올려 상단의 플레이(▶) 버튼을 누릅니다. 버튼을 누르면 앞서 언급한 뇌출혈 CT처럼 딥 러닝으로 분석하고자 하는 데이터를 프로젝트 안으로 불러오는 컨테이너화 과정이 진행됩니다. 이 작업에는 수십 초 이상이 소요됩니다.

프로젝트 실행 RUN 버튼

그 후 블록을 하나씩 실행하거나 RUN 버튼을 눌러 전체 실행을 합니다.

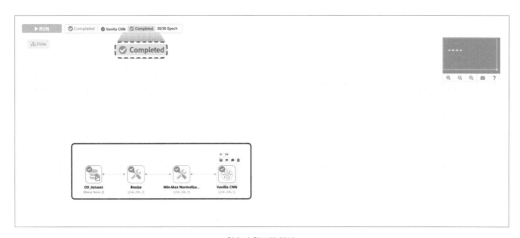

학습이 완료된 화면

학습이 완료되면 위와 같이 Completed라는 탭이 형성되고 모든 블록이 녹색으로 바뀌고 체크 마크가 만들어집니다.

<table>
<thead>
<tr><th></th><th>No</th><th>Path / File Name</th><th>Shape</th><th>Color Mode</th><th>Dimension</th><th>Usage</th><th>Size</th></tr>
</thead>
<tbody>
<tr><td></td><td>1</td><td>01.hdf5</td><td>[256, 256, 3]</td><td>RGB</td><td>2D</td><td>Train</td><td>2 MB</td></tr>
<tr><td></td><td>2</td><td>02.hdf5</td><td>[256, 256, 3]</td><td>RGB</td><td>2D</td><td>Train</td><td>2 MB</td></tr>
<tr><td></td><td>3</td><td>IMG_0754.hdf5</td><td>[256, 256, 3]</td><td>RGB</td><td>2D</td><td>Train</td><td>2 MB</td></tr>
<tr><td></td><td>4</td><td>IMG_0755.hdf5</td><td>[256, 256, 3]</td><td>RGB</td><td>2D</td><td>Train</td><td>2 MB</td></tr>
<tr><td></td><td>5</td><td>IMG_0757.hdf5</td><td>[256, 256, 3]</td><td>RGB</td><td>2D</td><td>Train</td><td>2 MB</td></tr>
<tr><td></td><td>6</td><td>IMG_0759.hdf5</td><td>[256, 256, 3]</td><td>RGB</td><td>2D</td><td>Train</td><td>2 MB</td></tr>
<tr><td></td><td>7</td><td>IMG_0760.hdf5</td><td>[256, 256, 3]</td><td>RGB</td><td>2D</td><td>Train</td><td>2 MB</td></tr>
</tbody>
</table>

1 / 16

학습 결과를 띄우는 화면

Explore View 탭을 선택하여 학습한 결과를 살펴봅니다.

Explore 모드에서 블록이 나열된 화면

앞에서 구성한 블록이 모두 나타나는 것을 볼 수 있습니다. 이제 여기서 OX_dataset을 선택합니다.

OX_dataset의 데이터를 확인하는 화면

이 화면에서는 각각의 데이터를 확인할 수 있습니다. 이 데이터는 여러 사람이 수기로 작성한 데이터입니다.

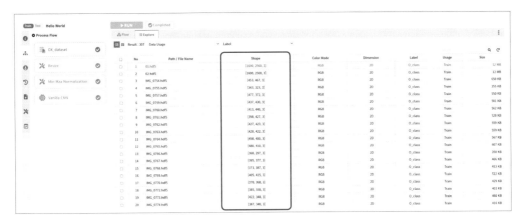

OX_dataset의 데이터를 확인하는 화면

여러 사람의 손글씨이기 때문에 위에 표시된 것처럼 각각 사이즈가 다릅니다. 사이즈가 다르면 신경망 모델에 데이터를 넣을 수 없으므로, 모든 Input Data의 사이즈를 동일하게 맞춰주어야 합니다. 이를 위해 앞에서 Resize 블록을 연결하여 사이즈를 조정한 것입니다.

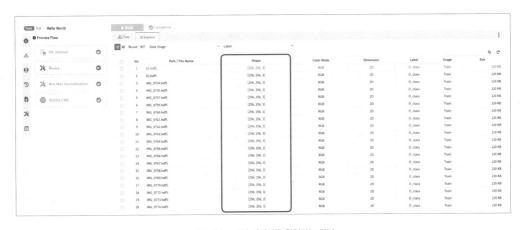

OX_dataset의 데이터를 확인하는 화면

위에 보이듯이 Resize 블록을 통과하여 각 그림의 크기가 같아졌습니다.

OX_dataset의 딥 러닝 학습 결과를 확인하는 장면

마지막으로 Vanilla CNN을 선택하고 하단의 Output 탭을 누르면 모델의 학습에 관한 지표를 확인할 수 있습니다. Epoch마다 Loss손실는 어떻게 수렴하는지, Accuracy정확도, Sensitivity민감도, Specificity특이도, PPV Precision정밀도와 같은 지표들이 상승하는 추세를 보고 모델을 평가할 수 있습니다. Train Data학습 데이터에 대한 Accuracy는 100%, Validation Data검증 데이터에 대한 정확도는 97%로 엄청난 성능을 보여주고 있습니다.

지금까지 DEEP:PHI를 이용해 간단한 딥 러닝 모델을 구성하고 학습을 진행해보았습니다. DEEP:PHI의 Hello World를 마쳤다고 볼 수 있겠네요. 조금은 감격적이지 않았나요? 사람들마다 딥 러닝을 공부하는 이유는 다르겠지만, 코딩으로 순수하게 만드는 것보다 여러 모델들을 데이터에 맞게 빠르게 적용하는 것에 관심이 있다면 DEEP:PHI는 꽤 매력적인 도구라고 할 수 있습니다. 다음 장부터는 보다 다양한 기능을 함께 살펴보겠습니다.

4장

DEEP:PHI의
일반적인 블록
이해하기

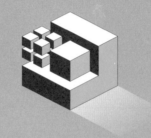

이번 장은 앞서서 소개한 ○× 데이터로 만든 모델과 DEEP:PHI의 딥 러닝 관련 설정들을 소개하겠습니다. 설정을 나열하기보다 실제로 DEEP:PHI를 사용하며 차근차근 설명할 것입니다. 우선 DEEP:PHI를 이용한 딥 러닝이 무엇인지 이해하기 위해 필수적인 내용을 정리하겠습니다. 이후 DEEP:PHI의 다양한 응용법을 학습할 예정입니다.

1. 프로젝트 관리 도구

프로젝트 관리 도구

프로젝트 메인 화면의 좌측에 프로젝트 관리 도구가 나타나 있습니다. 필요한 모듈 라이브러리를 볼 수 있는 Modules, 협업 사용자를 관리하고 온라인으로 대화할 수 있는 Members, 작업 히스토리를 알 수 있는 History, 프로젝트의 버전을 관리할 수 있는 Test Projects, 프로젝트의 정보를 관리하는 Information, 프로젝트의 자원 현황을 알 수 있는

Settings, 프로젝트에 필요한 일정에서 도출되는 업무 목록을 관리하는 TODO 메뉴로 구성되어 있습니다.

Modules

관리 도구 중 Modules 탭

3장에서 이미 Modules 메뉴의 기능을 많이 사용했는데요. 바로 라이브러리에서 간편하게 블록들을 가져다 사용한 것이 Modules 기능을 활용한 것입니다. Modules 메뉴는 책 전반에 걸쳐 사용되므로 이후에 필요할 때마다 설명하겠습니다.

Members

관리 도구 중 Members 탭

Members 탭을 선택한 위의 화면에서 Setting을 선택하면 아래와 같이 Team Member Management 화면이 나타납니다.

Team Member Management 화면

이 화면에서 Role을 선택하면 구성원들의 권한에 대한 세부 설정을 확인·변경할 수 있습니다.

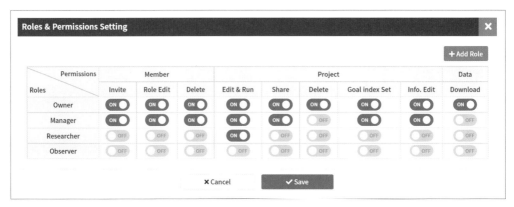

Roles & Permissions Setting 화면

위 화면에서 프로젝트에 참여시킬 멤버들을 Owner, Manager, Researcher, Observer 등급으로 나눌 수 있으며, 각 등급별로 권한에 차등을 줄 수 있습니다.

Invite New Member 버튼

다시 Team Member Management 화면으로 돌아가서 Invite New Member 버튼을 누르면 프로젝트에 새로운 멤버를 초대할 수 있습니다.

Invite Member 화면

초대할 멤버의 이메일을 기록하고 앞서 Roles&Permission Setting에서 설정한 권한을 고려하여 Role을 선택한 뒤 멤버를 초대할 수 있습니다.

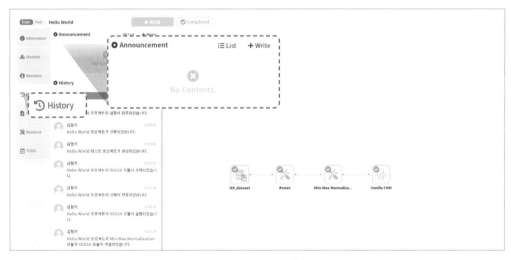

관리 도구 중 History 화면

History 탭에는 이 프로젝트에서 어떤 작업이 진행되었는지가 상세하게 기록되어 있습니다. 특히 프로젝트에 소속된 다른 멤버들이 작업한 내용도 확인할 수 있어 변경점을 알 수 있는 좋은 도구입니다.

또한 History 탭에서는 Announcement 기능이 제공되는데, 자신의 프로젝트를 설명하거나 문서화할 수 있는 기능입니다. Wirte 버튼을 누르면 아래와 같은 문서 편집창이 나타나고, 작성을 마치면 Announcement 영역에 표시됩니다.

Announcement 작성 화면

Announcement에서 글을 작성하면 프로젝트 멤버 전원이 확인할 수 있으므로 공지사항의 기능을 합니다. 프로젝트 중간의 중요한 변곡점을 알리거나 기타 멤버들에게 전해야 할 사항을 편하게 게시할 수 있습니다.

Test Projects

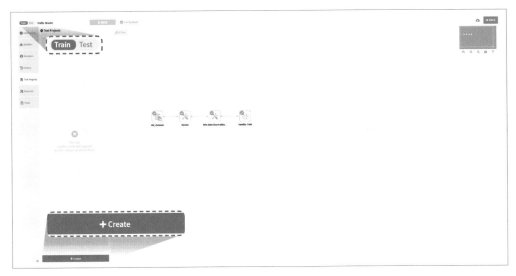

관리 도구 중 Test Projects 화면

    Test Projects 탭에서는 Test 모드에 진입할 수 있습니다. 이는 딥 러닝 모델을 학습시킨 뒤 외부 데이터External Data 나 Test Dataset으로 검증하는 단계를 수행하기 위한 기능입니다. DEEP:PHI로 학습시킨 딥 러닝 모델이 Train Data와 Validation Data에만 과적합된 것은 아닌지, 실질적으로 사용될 수 있는지 성능을 평가하는 단계라고 볼 수 있습니다. 위 화면에서 좌측 상단의 Train/Test 버튼이나 좌측의 하단의 Create 버튼을 눌러 Test 모드에 진입할 수 있습니다.

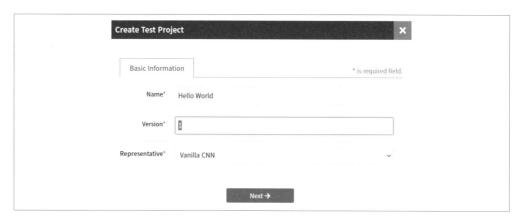

Create Test Project 화면

Test Project를 만드는 화면입니다. 프로젝트 이름과 사용된 CNN을 확인할 수 있고, 버전을 입력해야 합니다.

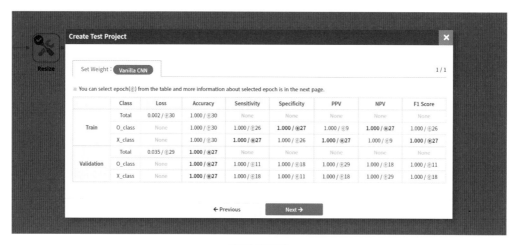

가중치 지정하기

그다음 화면에서는 Loss, Accuracy, Sensitivity 등 최고의 성능을 보인 Epoch의 가중치를 지정하여 모델을 불러올 수 있습니다. Validation과 Accuracy를 기준으로 했을 때 가장 좋은 성능을 보인 Epoch 27(ⓔ27) 모델의 가중치를 불러오겠습니다.

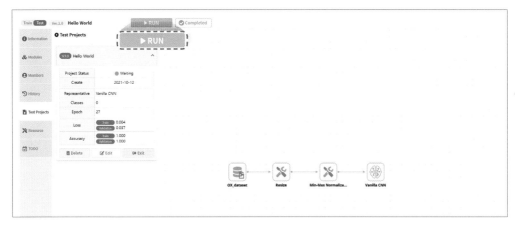

Test 모드 실행

좌측 상단의 Run 버튼을 누르면 간단하게 Test 모드를 실행할 수 있습니다. 앞서 만든 모델이 Test Dataset을 받아 모델을 만드는 과정에서 영향을 끼치지 않은 순수한 Dataset으로 모델 검증을 진행하게 됩니다.

기타 기능

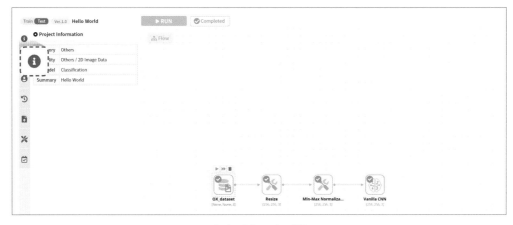

Project Information 화면

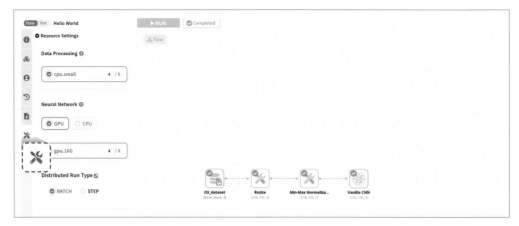

Settings 화면

이외에도 Project Information 탭에서 프로젝트 기본 정보를 확인하거나 Resource Settings 탭에서 배정받은 CPU와 GPU 수를 관리할 수 있습니다.

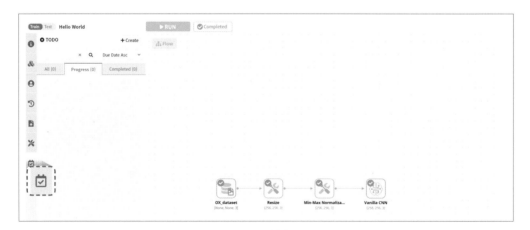

TODO 화면

TODO 탭에서는 프로젝트 진행 상황, 해야 할 업무, 완료된 업무를 확인할 수 있습니다.

2. 모듈 설정 및 관리

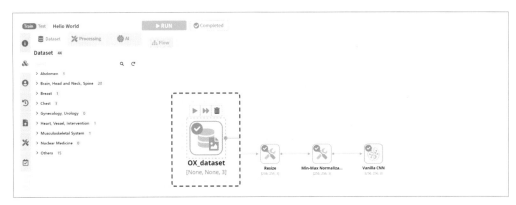

프로젝트 메인 화면

프로젝트 메인 화면에서는 프로젝트의 흐름flow 을 확인할 수 있습니다. 위의 화면과 같이 Dataset 블록을 클릭합니다.

모듈의 관리 및 설정 화면

좌측 하단 화면에 표시된 ① 영역에서는 프로젝트의 흐름을 알 수 있고, ② 영역에서는 모듈들의 동작 상태, 로그 기록, 딥 러닝 모듈의 성능이나 학습 과정의 그래프 등을 확인할 수 있습니다. ③ 영역에서는 모듈의 정보와 상세한 설정을 알 수 있고, ④ 영역에서는 모듈의 정보나 설정을 수정할 수 있습니다.

실행 버튼의 위치

모듈의 정보나 설정 변화가 나타나지 않을 때는 해당 모듈을 실행하거나 프로젝트 전체를 실행해보면 확인할 수 있습니다. 위 화면에서 Run 버튼을 누르면 프로젝트가 실행됩니다.

Dataset 모듈의 정보 확인

Dataset 모듈의 Files 탭

위는 Flow 화면에서 Dataset 모듈을 선택한 후 하단에 나타난 Files 정보입니다. 각 데이터의 크기와 차원 등을 확인할 수 있으며 분류 문제를 다루는 Dataset이라면 Label을 확인할 수 있습니다.

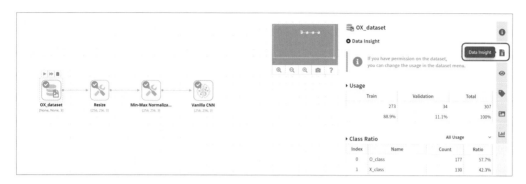

Data Insight 화면

우측 상단의 탭을 클릭해 Data Insight를 확인할 수 있습니다. 여기서는 프로젝트에 설정된 Train·Validation·Test Data의 비율과 사용되는 데이터의 클래스를 알 수 있습니다. 또한 클래스별로 간략한 요약 정보를 제공합니다.

Train·Validation·Test Data의 비율을 변경하려면 상단에서 Research → Dataset → Image Dataset 순으로 이동하여 변경하고자 하는 Dataset을 선택한 후, Converted File 안의 Edit Usage에서 변경할 수 있습니다. 만일 데이터의 비율을 변경하면 실행했던 데이터 모듈을 다시 실행하고 학습시켜야 변경 사항이 적용되므로 주의해야 합니다.

Data View 화면

위 화면에서 ①을 선택하고 ②의 데이터를 클릭하면 실제 이미지 데이터를 확인할 수 있습니다. 또한 ③에서 Train·Validation·Test Data나 Label마다의 데이터들도 볼 수 있습니다.

Resize

Resize 블록을 선택한 후 Information을 선택한 화면

Resize 블록을 클릭한 후 우측의 Information을 선택하면 위 화면과 같이 설명이 나타납니다. DEEP:PHI는 대부분의 블록에 대해 상세한 수준의 배경 지식을 제공하기 때문에 블록의 의미를 파악하는 것이 어렵지 않습니다.

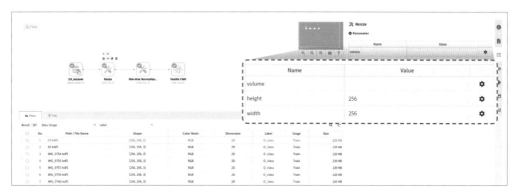

Resize 블록의 Parameter를 선택한 화면

    Resize 블록은 이미지 데이터 각각의 크기를 변경하는 블록입니다. 학습에 활용되는 이미지들의 크기가 다를 수 있고, 사용하려는 네트워크들이 받아들이는 이미지의 크기 역시 서로 다르기 때문에 이미지의 크기를 변경하며 맞춰주는 과정이 필요합니다. 위 화면처럼 Parameter 탭에서 변경할 크기 값을 지정할 수 있습니다.

Min-Max Normalization

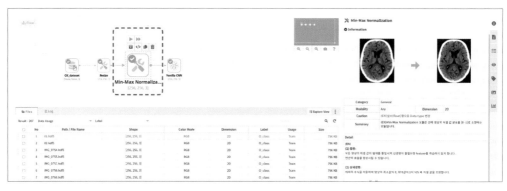

Min-Max Normalization 블록

    Min-Max Normalization은 데이터의 최댓값을 1로, 최솟값을 0으로 변경하는 블록입니다. 이 블록은 따로 설정할 Parameter가 없고, 그저 데이터를 0과 1사이로 다시 조정하는 기능을 합니다.

3. 네트워크 모듈

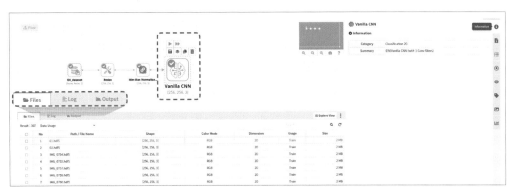

Vanilla CNN 블록을 선택한 화면

Vanilla CNN 블록은 딥 러닝 블록으로, DEEP:PHI 상에는 다양한 딥 러닝 모델이 블록으로 준비되어 있습니다. 해당 블록을 포함하여 학습을 진행하면 다양한 성능 지표를 출력해줍니다. 그럼 학습이 잘되었는지 평가할 수 있는 평가 지표들을 알아보도록 하겠습니다.

학습 결과 성능 평가

위 화면의 좌측 점선 박스에서 Output을 선택합니다. Output은 RUN 버튼을 눌러 프로젝트를 실행한 후에 확인할 수 있습니다.

Summary							
Epoch Speed (Sec/Epoch)			13.8243				
Processing Speed(Sec/image)			4.6081				
Loss	Train	0.0020	Validation			0.0405	
Accuracy	Train	1.0000	Validation			0.9712	
	Class	Accuracy	Sensitivity	Specificity	PPV	NPV	F1 Score
Train	O_class	1.0000	1.0000	1.0000	1.0000	1.0000	1.0000
	X_class	1.0000	1.0000	1.0000	1.0000	1.0000	1.0000
Validation	O_class	0.9712	0.9519	1.0000	1.0000	0.9330	0.9754
	X_class	0.9712	1.0000	0.9519	0.9330	1.0000	0.9653

학습한 결과를 확인하는 Output 화면

Output 탭에서는 아래와 같은 정보를 제공하고 있습니다.

- **Accuracy**　전체 데이터 중 Label과 일치하는 데이터를 얼마나 정확하게 판단했는지 확인할 수 있는 지표입니다. 좌측 하단 화면에서는 학습 데이터로 활용된 ○와 × 데이터 중 Label과 일치하는 데이터를 맞춘 비율을 나타냅니다.

- **Sensitivity**　실제 참값(○) 중에서 참이라고 판단한 비율을 뜻합니다. 화면에서 ○_class의 Sensitivity가 1로 나타나는데, 이는 실제 참값 전체를 참이라고 판단했다는 뜻입니다.

- **Specificity**　실제 거짓값(×) 중에서 거짓이라고 판단한 비율입니다. 화면에서 ×_class의 Specificity가 1로 나타나는데, 이는 실제 거짓값 전체를 거짓이라고 판단했다는 뜻입니다.

- **PPV(Precision)**　모델이 참이라고 판단했을 때 실제로 참인 비율을 의미합니다. 즉, (모델이 참이라고 판단한 것 중 실제 참값)/(실제 참값 중 참이라고 판단한 것+실제 거짓값 중 참이라고 판단한 것)으로 계산할 수 있습니다.

- **NPV**　모델이 거짓이라고 예측한 것 중에서 실제 거짓의 비율을 의미합니다. PPV와 동일한 원리로 계산할 수 있습니다.

- **F1 Score**　Sensitivity와 Precision 간의 조화평균을 의미합니다. F1 Score의 경우 분류 클래스 간 데이터가 심각한 불균형인 상태에서 자주 사용하는 평가 지표입니다.

　　이외에도 한 Epoch당 소요한 시간이나 하나의 샘플image을 처리하는 데 걸린 시간 등도 표시됩니다. 성능 지표metrics에 관하여 더 자세한 정보는 Metric Information을 선택하여 확인할 수 있습니다.

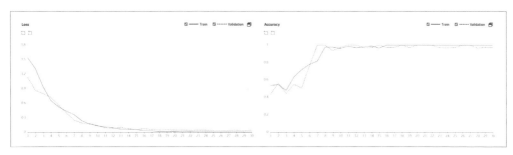

Loss와 Accuracy 그래프

Metric Information 선택 후 나오는 Metric Information에서는 Loss와 Accuracy 그래프 외 다양한 그래프를 통해 학습 상황을 확인할 수 있습니다. ○와 ×를 구분하는 간단한 분류 문제는 난이도가 아주 낮아서 단순한 구조의 CNN 모델만으로도, 위 화면에서 확인할 수 있듯, 100%에 가까운 Accuracy가 나타나는 것을 확인할 수 있습니다. 그래프 위에 마우스를 올리면 그 위치에 해당 Epoch에서의 데이터를 확인할 수 있습니다.

Parameter 설정

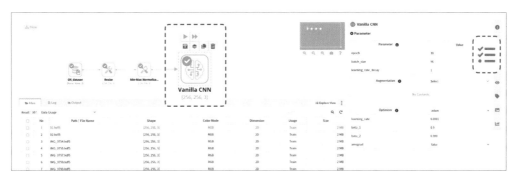

학습에 대한 Parameter 설정 화면

위 화면처럼 Vanilla CNN을 클릭한 후 우측의 Parameter 탭을 클릭하면 학습에 관한 설정들을 지정할 수 있는 창이 나타납니다.

Parameter 설정에서 epoch와 batch size를 설정하는 화면

Parameter 설정에서 Epoch와 batch size를 설정할 수 있습니다. 적절한 Epoch는 Loss나 Accuracy가 수렴하는 그래프를 그릴 때라고 알려져 있습니다. 한편 batch size가 크면 학습 시간은 줄어들지만 메모리가 부족하거나 학습이 제대로 이루어지지 않을 수 있습니다. 반대로 batch size가 작아지면 학습 시간이 늘어나는 문제가 발생합니다. Learning Rate Decay는 한 Epoch마다 학습률을 얼마나 줄일지를 설정하는 항목입니다. 0~1 사이의 소수점을 사용할 수 있습니다.

Augmentation

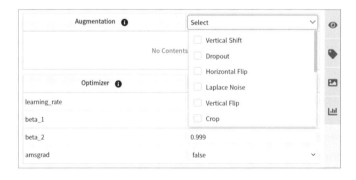

Augmentation 화면

이미지 데이터 중에서 특히 의료 데이터는 쉽게 얻기가 어려워 적은 데이터를 효율적으로 사용해야 합니다. 이를 위해 많이 활용하는 작업 중 하나가 바로 Augmentation입니다.

Augmentation의 종류는 다음과 같습니다.

- **Vertical shift:** 데이터를 수직 방향으로 이동시킵니다.

- **Horizontal Flip:** 데이터를 좌우 대칭으로 뒤집습니다.

- **Laplace Noise:** 라플라스 분포를 따르는 노이즈를 이미지에 추가합니다.

- **Vertical Flip:** 데이터를 상하 대칭으로 뒤집습니다.

- **Crop:** 데이터의 일부 구간을 자릅니다.

- **Rotate:** 이미지 데이터를 회전시킵니다.

- **Shear:** 이미지 데이터를 기하학적으로 비틉니다.

- **Gamma Contrast:** 이미지의 감마값을 조절합니다.

- **Horizontal Shift:** 수평 방향으로 데이터를 이동시킵니다.

- **Gaussian Blur:** 이미지에 가우시안 블러를 적용합니다.

- **Poisson Noise:** 푸아송 노이즈를 이미지에 추가합니다.

- **Zoom:** 이미지를 확대합니다.

- **Gaussian Noise:** 가우시안 분포를 따르는 노이즈를 이미지 데이터에 추가합니다.

각 증강 방법은 데이터와 모델의 목적에 따라 다른 효과를 낼 수 있으므로, 데이터와 모델에 알맞은 증강 방법을 선택해야 합니다. 또한 여러 증강 방법을 사용하여 결과를 비교하면 효과적인 증강 방법이 무엇인지 실증적인 데이터를 얻을 수 있습니다.

4. 마치며

이번 장에서는 DEEP:PHI의 구성을 확인했습니다. 이보다 많은 기능이 있지만, 먼저 DEEP:PHI를 대략적으로 이해해야 나머지 세부적인 과정으로 나아갈 수 있을 것입니다. 또한 DEEP:PHI의 많은 기능들이 딥 러닝과 연결되어 있어 깊이 이해하려면 여러 개념을 숙지해야 합니다. 그러나 이 책에서는 복잡한 개념들을 제시하기보다 몇 가지 예제를 가지고 설명함으로써 DEEP:PHI를 실질적으로 활용할 수 있도록 안내하려 합니다.

Face Mask
Classificaton

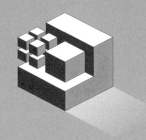

앞서 3장과 4장에서 ○× Dataset으로 딥 러닝 Task 중 Classification을 수행했습니다. 이번에는 다른 본격적인 Dataset으로 분류를 본격적으로, 차근차근 진행해보겠습니다. Classification은 사전적 의미처럼 데이터를 일정한 기준으로 나누는 것을 의미합니다. 강아지나 고양이가 뒤섞인 Dataset을 입력하면 그에 해당하는 클래스, 즉 강아지나 고양이로 분류하는 것입니다. Classification은 클래스의 개수에 따라 Binary Classification이진 분류와 Multi-Class Classification다중 분류로 나뉩니다. 이전에 수행한 ○×는 Binary Classification에 해당하며, 마찬가지로 이번 장에서도 사진 데이터 속 사람이 마스크를 썼는지 안 썼는지를 판별해내는 Binary Classification을 진행하려 합니다.

1. 데이터 소개

초기 화면

Create Project를 클릭합니다. 프로젝트 이름은 임의로 작성해도 무방하며, Classification 문제로 접근할 것입니다.

Face Mask Classification Dataset을 검색한 화면

Dataset 탭에서 Face Mask Classification을 선택하고 드래그하여 Flow 화면에 올립니다.

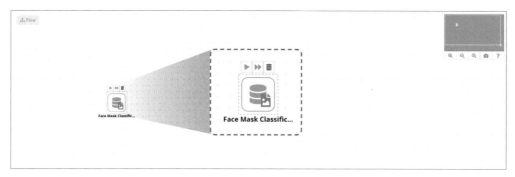

Face Mask Classification Dataset을 Flow 화면에 옮긴 화면

Face Mask Classification Dataset 블록의 좌측 상단에 있는 실행 버튼을 눌러 데이터를 프로젝트 안으로 불러오는 데이터 컨테이너화를 진행합니다. 그동안 데이터의 정보를 확인해 보겠습니다.

Face Mask Classification Dataset의 Information을 확인하는 화면

Face Mask Classification 블록을 클릭한 다음 우측 첫 번째 탭인 Information을 선택하면 Dataset에 대한 정보가 나타납니다.

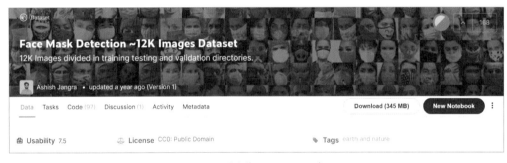

Kaggle 페이지(www.kaggle.com)

지금 과정에서 사용하고 있는 Face Mask 데이터는 Kaggle에서 가져왔습니다. Kaggle에서는 데이터 분석에 활용할 수 있도록 데이터를 공개하고 있는데, 많은 사람들이 이 데이터들을 갖고 딥 러닝 모델을 적용해 성능을 비교하고 있습니다. 이미 제출된 많은 코드를 보면 대부분 98~99%의 높은 정확도를 보여주고 있습니다.

Face Mask Classification Dataset의 Data Insight에서 확인한 Train·Validation 비율과 Class별 비율

우측 두 번째 탭을 눌러 Data Insight를 보면 데이터가 Train·Validation으로, 약 9:1 비율로 나누어져 있음을 확인할 수 있습니다. Train은 딥 러닝 모델의 학습에, Validation은 학습한 모델의 과적합 유무를 판단하는 데 쓰이는 데이터를 말합니다. 이처럼 DEEP:PHI에서는 각 과정에 필요한 데이터를 자동으로 나누어줍니다. 또한 마스크를 착용한 데이터와 착용하지 않은 데이터가 1:1 비율로 구성되어 있음을 알 수 있습니다.

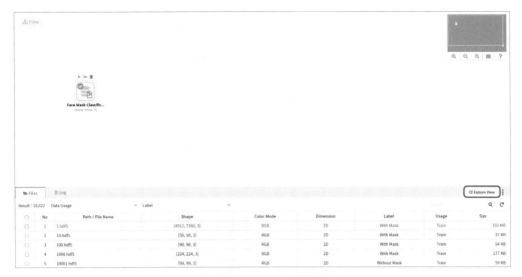

Flow 화면에서 Explore View를 확인하는 화면

Flow 화면에서 Face Mask Classification 블록을 클릭하고 우측의 Explore View 탭을 누르면 Dataset에 포함된 각각의 데이터를 세부적으로 확인할 수 있습니다. 일반적으로 딥 러 닝 모델의 학습에서 데이터의 유형 및 크기 정보 등은 데이터 분류 이전에 확인됩니다.

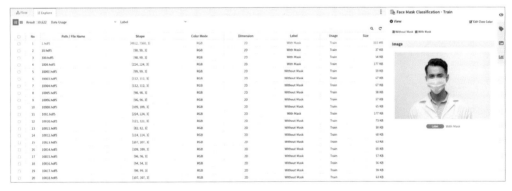

Explore 탭에서 Face Mask Classification Dataset에 포함된 각각의 사진을 확인하는 화면

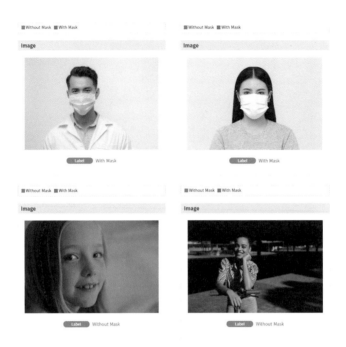

Face Mask Classification Dataset에 포함된 실제 사진들

데이터는 위와 같이 마스크를 하고 있는 사람과 그렇지 않은 사람의 데이터입니다. 마스크 종류는 매우 다양하고, 착용한 사람의 외모나 자세, 사진의 구도 등이 아주 다양합니다.

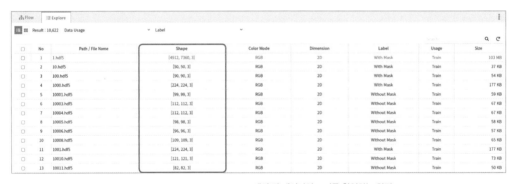

Face Mask Classification Dataset에서 각 데이터의 크기를 확인하는 화면

Shape 부분을 보면 각 데이터의 크기가 다르다는 사실을 알 수 있습니다. 앞서 배웠듯이, 이미지의 크기가 다르면 학습할 수 없으므로 Resize 과정을 거쳐야 하겠습니다.

2. 데이터 전처리와 네트워크 배치

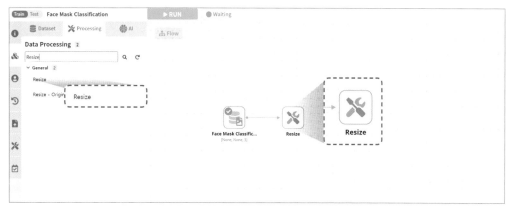

Resize 블록을 Flow로 옮긴 화면

Data Processing 탭에서 Resize를 찾아 Dataset 블록 옆에 배치합니다. 두 블록을 연결한 후 블록 실행 버튼을 눌러둡니다.

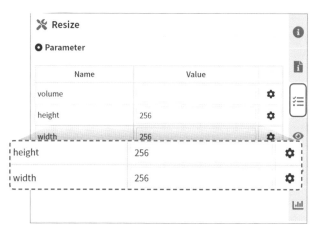

Resize 설정 화면

Resize 목표는 height와 width 모두 256으로 설정합니다.

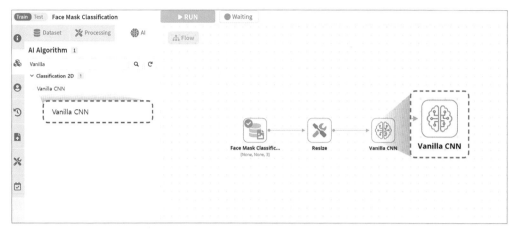

Vanilla CNN을 배치한 화면

Vanilla CNN 블록은 3장에서 ○× 분류할 때 사용했던 네트워크로, 아주 간단한 형태의 CNN 계열 모델입니다. 이를 가지고 테스트를 해보기 위해 블록을 위 화면처럼 배치하고 실행합니다.

위에서 배치한 Vanilla CNN은 좌측 화면과 같이 설정했습니다.

① epoch: 10

② batch size: 64

③ Optimizer: adam

④ learning rate: 0.0001

Vanilla CNN의 설정

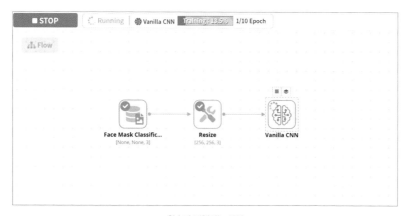

학습이 진행되는 화면

이제 학습을 시작합니다. 학습에 사용되는 사진 데이터 약 1만 2,000장의 총 용량은 약 330MB입니다. 이 정도 크기의 데이터를 학습하는 데는 5분 내외가 소요됩니다.

3. 첫 성능 확인

학습이 시작되고 나면 모든 학습이 종료될 때까지 기다리지 않아도 각 Epoch가 끝날 때마다 학습 결과를 확인할 수 있습니다. 즉, Epoch마다의 성능을 실시간으로 파악할 수 있는 것이죠.

학습 중에 각 Epoch의 학습 결과를 확인하는 화면

위는 Output 탭을 선택해 학습 결과를 확인하는 화면으로, Loss와 Accuracy 등의 정보를 통해 성능을 파악할 수 있습니다. 제시된 그래프를 보면 두 번째 Epoch부터 Loss 그래프가 0에 수렴하고 있습니다. 이는 마스크를 쓴 사람과 쓰지 않은 사람을 명확하게 구분하고 있다는(성능이 뛰어나다는) 의미로, 마스크 착용 유무는 Vanilla CNN과 같은 간단한 CNN 모델로도 분류할 수 있는 것으로 보입니다.

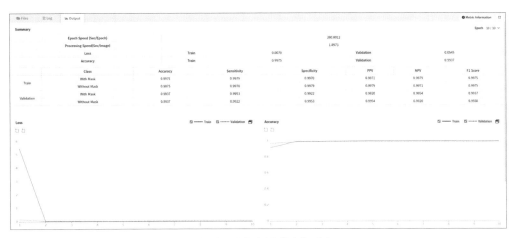

학습이 완료된 후 결과를 확인하는 화면

위의 화면에서 10개의 Epoch에 대한 학습 결과를 확인할 수 있습니다. Loss 그래프가 수렴하고 있으며, Accuracy, Sensitivity, Specificity, PPV, F1 Score 모두 99% 이상을 보여주고 있습니다. 모든 Epoch에서 과적합 징후도 나타나지 않네요. 완벽한 학습 결과라고 할 수 있겠습니다.

지금까지는 훈련용 Dataset을 활용하여 학습을 진행했습니다. 그렇다면 Test Dataset, 즉 우리가 학습시킨 딥 러닝 모델에게 생소한 Dataset을 학습시키면 어떤 결과가 나올까요?

4. 시험 평가

딥 러닝 모델을 구성하고 성능도 만족스럽다는 것을 확인했지만, 이는 Train Data와 Validation Data로 얻은 결과일 뿐입니다. 그렇다면 다른 사진도 구분해낼 수 있는지 확인해 봐야겠죠. 이를 위해 딥 러닝 모델을 학습시키는 과정에서 사용하지 않은 Test Data로 실제 분석 능력을 시험해보겠습니다. Train Data와 Validation Data로 딥 러닝 모델을 학습시켰으니, Test Data로 성능을 다시 시험해보는 것입니다.

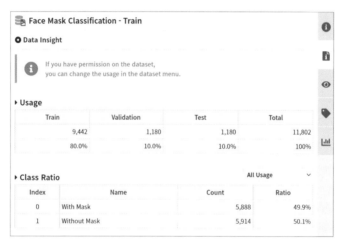

Test Data가 포함된 Dataset의 Data Insight

DEEP:PHI에 Dataset을 업로드하면 일반적으로 Train·Validation·Test Dataset이 8:1:1 비율로 업로드가 됩니다. 이 비율은 수동으로 설정할 수 있으므로 사용자의 판단에 따라 변경할 수 있습니다.

Dataset 세부 정보를 설정하는 화면

Image Dataset 화면

맨 위 화면과 같이 상단 바의 DATASET을 누르면 Image Dataset 화면으로 이동하게 됩니다. 여기에서 변경하고 싶거나 자세한 정보를 보고 싶은 Dataset을 클릭합니다. 지금은 앞서 학습한 Face Mask Classification – Train의 정보를 확인하겠습니다.

Dataset 세부 정보 화면

Converted File 탭을 클릭한 뒤 우측의 Insight를 클릭하면 데이터의 세부 내용을 볼 수 있습니다. 우측에서 Train·Validation·Test Data가 8:1:1의 비율로 나뉘어 있는 것을 볼 수 있습니다. 이 비율을 변경하고 싶다면 Edit Usage를 클릭하여 원하는 비율을 설정하면 됩니다.

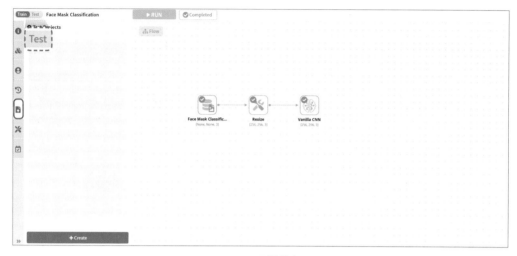

Test 모드 전환 화면

Test 모드로 전환하는 방법은, 좌측 상단의 Test 버튼을 누르거나 좌측의 Test Projects를 누른 다음 하단의 Create 버튼을 누르면 됩니다.

Test Project 정보 입력 화면

이전 Train·Validation Data를 학습할 때 입력했던 프로젝트 정보와 동일한 정보를 다시 한 번 입력합니다.

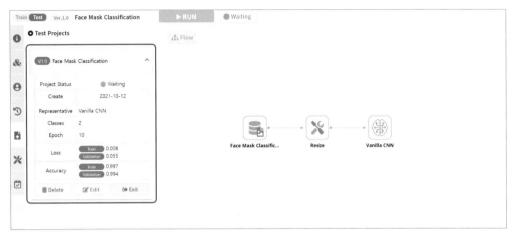

Test Project의 구성 화면

Test Project의 사용법은 이전에 배운 것과 비슷하지만, 지금은 이전 학습의 결과가 좌측에 요약되어 있다는 것이 다릅니다. 이제 RUN 버튼을 눌러 Test Data에서의 성능을 확인합니다.

Test Data를 학습한 결과 자료.

Test Data를 학습한 결과를 살펴보겠습니다. Accuracy는 다소 낮아졌지만, 여전히 99.2%로 준수합니다. Test 모드에서는 Train·Validation Data만 학습했을 때는 제공하지 않는 PR Curve, ROC Curve, AUC, AP, Confusion Matrix까지 제공합니다.

ROC Curve는 모든 임계값threshold에서 분류 모델의 성능을 보여주는 그래프로 (1,1)에 가까워질수록 클래스를 구별하는 모델의 성능이 훌륭하다는 것을 의미합니다. 이에 대해 정량적으로 측정하는 수치인 AUC(0~1 사이의 소수점 숫자)를 통해 주로 분류 모델의 성능을 평가합니다. 가장 하단에 있는 Confusion Matrix 표는, Label과 Prediction이 얼마나 일치하는지를 보여줍니다.

6장

Cat vs Dog
Classification

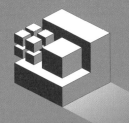

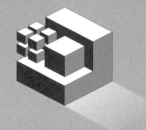

1. 데이터 소개

이번에는 딥 러닝 모델의 성능을 향상시키는 방법을 알아보겠습니다. 이번 챕터까지는 분류를 다루지만 다음 챕터에서 다룰 Segmentation과 Object Detection에서도 동일한 방법으로 딥 러닝 모델의 성능을 향상시킬 수 있습니다. 성능을 높이는 방법은 다양하지만 중요한 것은 우리가 가진 데이터에 맞는 방법을 선택해야 한다는 점입니다. SOTA State of the Art 급의 좋은 모델에 데이터를 학습시킨다 해도, 2014년이나 2015년에 나온 모델에 학습시킨 결과보다 반드시 좋을 것이라는 보장은 없습니다. 그저 더 좋은 결과가 나올 가능성이 높을 뿐이죠.

이 장에서는 먼저 새로운 딥 러닝 모델을 사용해보고 학습률과 관련된 튜닝과 데이터 전처리, 그리고 데이터 증강에 대해 알아보겠습니다. 이번에 사용할 Dataset은 DEEP:PHI 내부에 Public으로 공개되어 있는 Cat and Dog Small Dataset입니다. 해당 Dataset은 7,000개의 사진을 가지고 이진 분류를 사용해 개와 고양이 사진으로 각각 분류하기 위한 것입니다. 해당 Dataset의 원본은 Kaggle에 Dogs vs. Cats라는 이름으로 공개되어 있으며, 약 2만 5,000장의 사진으로 구성되어 있습니다.

모든 이미지의 크기는 200~500px로 다양하며, RGB 3개의 채널로 이루어져 있습니다. 다음은 공개된 고양이와 개의 사진 데이터입니다.

Cat and Dog Small Dataset에서 Cat 데이터

Cat and Dog Small Dataset에서 Dog 데이터

2. 첫 번째 시도, Min-Max Normalization

Cat and Dog Small	Resize	Min-Max Normalizat...	Vanilla CNN
[None, None, 3]	[256, 256, 3]	[256, 256, 3]	[256, 256, 3]

Cat and Dog Small Dataset에 5장에서 사용한 알고리즘을 적용한 화면

위 그림처럼 5장에서 사용한 알고리즘을 적용하여 Flow를 구성합니다. 데이터 컨테이너화를 진행하거나 Resize 블록, Vanilla CNN 블록을 연결하는 것은 5장까지의 학습으로 충분히 이해되었을 것이라 생각합니다. 만일 이 부분이 헷갈리신다면 3~5장을 다시 한 번 확인해 주시기 바랍니다. 다만 이전과 달리 추가된 Min-Max Normalization 블록에 대해서만 간략히 설명하겠습니다.

먼저 픽셀 정보를 이해해야 합니다. 이미지는 1개의 픽셀마다 0부터 255까지의 값으로 표현됩니다. 게다가 RGB라는 3개의 채널이 있다면 그 값의 크기는 기하급수적으로 늘어나게 되겠지요. 예를 들어 사이즈가 256×256px이고 RGB 채널로 이루어진 이미지가 있다고 가정해보겠습니다. 이 이미지는 그림을 표현하기 위해 최대 256(1개 픽셀)×256(가로)×256(세로)×3(RGB 채널)=50,331,648개의 픽셀 정보를 가지게 됩니다. 학습에 사용되는 이미지는 적게는 1,000개, 많게는 10만 개도 넘을 수 있으므로 이렇게 픽셀 정보가 많아지면 학습에 시간이 걸리고 최적의 Global Minimum보다 Local Minimum에 빠져 좋은 결과를 내지 못할 가능성이 있습니다.

이러한 결과를 방지하기 위하여 딥 러닝 모델을 학습시키기 전에 데이터의 스케일Scale 범위를 조정하는 정규화Normalization를 진행합니다. 정규화를 진행하면 데이터 값의 범위 차이를 왜곡하지 않고 스케일을 조정해 학습 속도가 빨라지고, Local Minimum에 갇힐 가능성을 줄여주는 효과를 낼 수 있습니다.

정규화 방법 중 Min-Max Normalization은 모든 이미지의 픽셀 값을 최솟값이 0, 최댓값이 1이 되도록 조정하는 것입니다. 픽셀의 분포는 Min-Max Normalization을 진행하기 전후에 차이가 없고, 학습에 불필요한 특징들을 제외하여 딥 러닝 모델이 원만하게 학습할 수 있도록 도와줍니다.

Vanilla CNN의 Parameter 설정 화면

Vanilla CNN의 Parameter는 위와 같이, 앞서 5장에서 설정한 값과 동일하게 설정하겠습니다.

① epoch=10, ② batch size=64, ③ Optimizer: adam, ④ learning rate=0.0001

Summary						
Epoch Speed (Sec/Epoch)			99.2803			Epoch 10 / 10 ˅
Processing Speed(Sec/Image)			1.1282			
Loss		Train	0.2025	Validation	0.6857	
Accuracy		Train	0.9339	Validation	0.7292	

	Class	Accuracy	Sensitivity	Specificity	PPV	NPV	F1 Score
Train	cats	0.9339	0.9285	0.9393	0.9379	0.9301	0.9332
	dogs	0.9339	0.9393	0.9285	0.9301	0.9379	0.9347
Validation	cats	0.7292	0.7779	0.6889	0.6744	0.7892	0.7224
	dogs	0.7292	0.6889	0.7779	0.7892	0.6744	0.7357

학습이 완료된 후 확인한 Output 화면

위는 학습이 완료된 후 Vanilla CNN을 선택한 상태에서 하단 Output 탭을 선택했을 때 나타나는 화면입니다. 매우 간단한 모델이지만 Validation Data 기준으로 Accuracy가 72% 정도임을 알 수 있습니다.

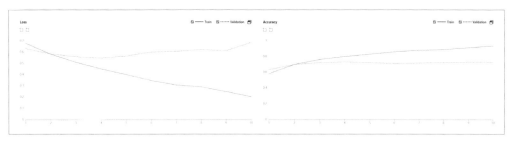

Loss와 Accuracy의 그래프

Loss 그래프 중에서 꾸준히 하강하는 그래프가 Train Loss이고, 서서히 상승하는 그래프가 Validation Loss입니다. Accuracy 그래프에서는 꾸준히 상승하는 그래프가 Train Accuracy이고 2번 Epoch 이후에 제자리걸음을 하는 그래프가 Validation Accuracy입니다. Train Data와 Validation Data에 대한 딥 러닝 모델이 성능 차이가 확연하게 드러나고 있으므로, 과적합 문제가 발생한 전형적인 사례라고 볼 수 있습니다. 이러한 과적합 문제는 어떻게 해결할 수 있을까요?

3. 두 번째 시도, 모델 변경 : InceptionV3

과적합 문제를 해결하기 위해 이번에는 모델을 변경해보려고 합니다. 지금까지 우리가 사용한 모델은 가장 간단한 형태의 CNN 모델인 Vanilla CNN이었습니다.

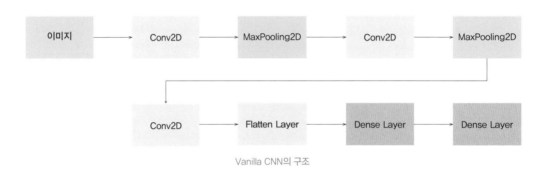

Vanilla CNN의 구조

Vanilla CNN 모델은 위와 같이 3개의 Convolutional 2D Layer, 2개의 MaxPooling 2D Layer, Flatten Layer(행렬을 1차원의 벡터 형태로 바꾸는 Fully Connected Layer), 그리고 2개의 Dense Layer로 구성되어 있습니다. 3개의 Convolutional Layer를 통해서 Input Image에서의 특징들을 찾고, 2개의 MaxPooling 2D Layer를 통해 가장 많이 나타난 특징들로 특징 맵의 크기를 1/2씩 줄이고, Flatten Layer를 통해 1차원의 벡터들로 만들고, 2개의 Dense Layer에서 분류를 진행합니다.

학습 결과를 고려할 때, 이와 같은 구조로 Cat and Dog Small Dataset를 분류하기에는 제약이 있는 것입니다. 따라서 분류 분야에서 SOTA 등급으로 평가받는 딥 러닝 모델 중 하나인 InceptionV3 모델로 교체하여 학습을 진행해보도록 하겠습니다.

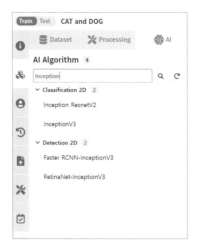

모듈 라이브러리에서 InceptionV3를 선택하는 화면

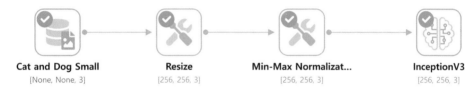

Cat and Dog Small
[None, None, 3]

Resize
[256, 256, 3]

Min-Max Normalizat...
[256, 256, 3]

InceptionV3
[256, 256, 3]

Vanilla CNN 내신 InceptionV3 모델을 배치하고 학습을 진행한 화면

위 두 그림에서 알 수 있듯 모듈 라이브러리에서 손쉽게 원하는 모델을 찾아 배치할 수 있다는 것이 DEEP:PHI의 장점 중 하나입니다. 코드 레벨에서 딥 러닝 모델을 변경하거나 전처리 모듈을 교체하려면 수십 줄 이상의 코드를 작성하거나 코딩 파일을 교체하는 과정이 필요합니다. 그러나 DEEP:PHI에서는 이러한 복잡한 과정을 거칠 필요 없이 모델을 검색하고 드래그하는 과정으로 해결할 수 있습니다.

이어서 이번에 사용할 InceptionV3 모델에 대해 간략히 설명하겠습니다. 일반적으로는 레이어가 깊고 넓어질수록 성능이 좋아질 것이라 기대하지만, 넓고 깊어진다고 무조건 성능이 높아지는 것은 아닙니다. 그래서 합성곱 레이어를 병렬로 다수 배치하고 그 결과를 단순 병합Concatenation하는 과정을 수행하는 모듈을 고안했습니다. 이 모듈을 Inception 모듈이라

하고 해당 모듈을 사용하는 네트워크를 InceptionNet(GoogLeNet)이라고 합니다.

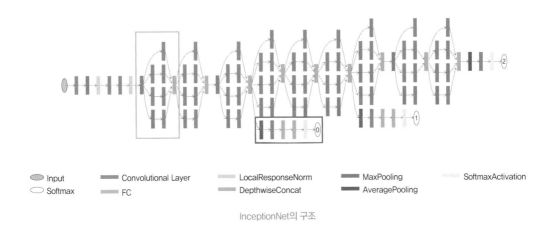

InceptionNet의 구조

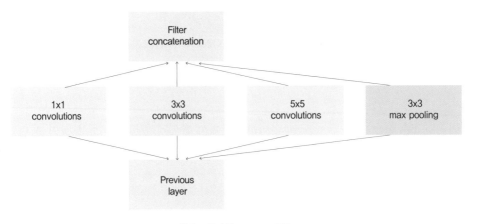

상단 그림에서 Inception 모듈

InceptionV3 모델은 InceptionNet의 3번째 버전이므로 상단 그림과 같은 구조를 갖고 있으며, InceptionNet은 하단 그림과 같이 Inception 모듈들의 결합으로 이루어져 있습니다. Inception 모듈의 큰 특징은 1×1 합성곱 레이어를 사용한다는 것과 여러 합성곱 레이어를 병렬적으로 배치하고 그 결과를 병합한다는 것입니다. 그 외에도 보다 효율적인 역전파를 위해

Auxiliary Output을 2개 배치합니다. 이러한 InceptionV3 모델을 이용하여 Epoch를 10에서 30으로 늘려 학습을 진행했습니다.

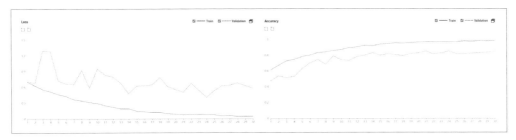

Summary							
Epoch Speed (Sec/Epoch)			186.3352				Epoch 30 / 30
Processing Speed(Sec/Image)			2.1174				
Loss		Train	0.0472		Validation	0.5777	
Accuracy		Train	0.9830		Validation	0.8470	

	Class	Accuracy	Sensitivity	Specificity	PPV	NPV	F1 Score
Train	cats	0.9830	0.9821	0.9828	0.9835	0.9824	0.9828
	dogs	0.9830	0.9838	0.9821	0.9824	0.9835	0.9831
Validation	cats	0.8470	0.8601	0.8330	0.8450	0.8491	0.8526
	dogs	0.8470	0.8330	0.8601	0.8453	0.8450	0.8411

InceptionV3 모델의 학습 결과

InceptionV3의 Loss&Accuracy 그래프

InceptionV3 모델의 결과는 Vanilla CNN의 결과와는 다른 양상을 보여주고 있습니다. Vanilla CNN의 경우 2번 Epoch부터 Validation Loss가 과적합의 징후를 강하게 보인 반면, InceptionV3에서는 Train Loss와는 차이가 있지만 Epoch를 거듭할수록 Validation Loss가 감소하는 추이를 보여주고 있기 때문입니다. Validation Data 기준으로 Accuracy가 84%를 기록하면서 Vanilla CNN의 72%보다는 확실히 성능이 좋아졌습니다. 이처럼 성능이 개선되었더라도 우리가 필요한 만큼 좋아졌는지 판단해야 하며, 그렇지 않은 경우에는 다른 개선 방법을 고안해야 합니다.

4. 세 번째 시도, Hyperparameter 변경

이번에는 InceptionV3 모델을 사용한 채로 성능을 보다 향상시켜보겠습니다. 일반적으로 딥 러닝 모델의 성능을 향상시키는 방법에는 다섯 가지가 있습니다. 첫째, 다른 딥 러닝 모델을 사용하는 방법, 둘째, 학습을 실행하기 전 데이터의 전처리 방법을 바꿔 특징이 더 잘 추출될 수 있게 하는 방법, 셋째, Data Augmentation을 통해 신경망 모델이 다양한 데이터들을 볼 수 있게 하여 일반화를 용이하게 만드는 방법, 넷째, 신경망 모델의 세부 구조들을 변경하는 방법(Dropout Layer, Weight Regularizer 등의 활용), 마지막으로 Hyperparameter를 조정하는 방법이 있습니다. 이 중 이번에는 Hyperparameter를 변경하는 방법을 사용해보겠습니다.

2장에서 설명하였듯, Hyperparameter는 모델 밖의 변수들을 변경하여 모델의 성능에 영향을 끼치는 변수라고 할 수 있습니다. 대표적으로는 Epoch, Batch Size, Optimizer의 종류, Learning Rate 등이 있는데, 이번 장에서는 Learning Rate를 조정해보겠습니다. Learning Rate는 가중치를 업데이트할 때 가중치를 얼마나 변화시킬지 결정하는 변수입니다. Learning Rate가 작으면 Loss 최적인 가중치를 찾는 데 시간이 오래 걸리고, Learning Rate가 너무 크면 전역최소점을 이탈하는 문제가 발생할 수 있습니다.

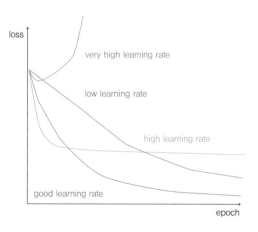

Learning Rate의 크기에 따른 Epoch/Loss 그래프

그렇기에 딥 러닝 모델을 학습시키기 전에 모델에 맞는 Learning Rate를 설정해야 하며, 학습 중에도 Learning Rate를 조

정해야 합니다. 초기에 설정한 Learning Rate가 현재 시점에서는 너무 높아서 전역최소점을 찾지 못하는 경우가 생기기 때문입니다. 학습이 오래 지속될수록 Loss 값을 찾는 과정이 섬세하게 진행되어야 하는데, Learning Rate가 높으면 목적지를 지나쳐버리게 됩니다. 이를 고려한 개념이 바로 학습률 감쇠Learning Rate Decay입니다.

학습률을 수정한 InceptionV3의 Parameter 정보

학습을 마친 InceptionV3의 Parameter 정보에서 Learning Rate를 0.0001에서 0.001으로 올리고 Learning Rate Decay를 1에서 0.9로 변경하였습니다. Learning Rate Decay란 각 Epoch마다 기존의 학습률에 Learning Rate Decay값을 곱하여 학습률을 낮추는 것입니다. 즉, Learning Rate Decay가 0.9라면 매 Epoch마다 Learning Rate가 10%만큼 줄어들겠지요. 나머지 Parameter는 동일하게 설정하고 다시 학습을 시작합니다.

Summary							Epoch 30 / 30 ∨
	Epoch Speed (Sec/Epoch)				175.8720		
	Processing Speed(Sec/Image)				2.0049		
	Loss		Train	0.0131		Validation	0.3158
	Accuracy		Train	0.9956		Validation	0.9204

	Class	Accuracy	Sensitivity	Specificity	PPV	NPV	F1 Score
Train	cats	0.9956	0.9942	0.9969	0.9967	0.9944	0.9955
	dogs	0.9956	0.9969	0.9942	0.9944	0.9967	0.9956
Validation	cats	0.9204	0.9339	0.9064	0.9123	0.9294	0.9230
	dogs	0.9204	0.9064	0.9339	0.9294	0.9123	0.9178

학습률을 수정한 InceptionV3 모델의 학습 결과

Learning Rate와 Learning Rate Decay를 변경한 것만으로 모델의 성능이 향상된 것을 확인할 수 있습니다. Validation Data를 기준으로 Loss는 0.5777에서 0.3158로 줄고, Accuracy 는 84%에서 92% 로 상승하였습니다. Train Loss와 Validation Loss의 차이 역시 0.5777-0.0472=0.5305에서 0.3158-0.0131=0.3027로 줄어들어 과적합의 증상이 확연히 줄어들었습니다.

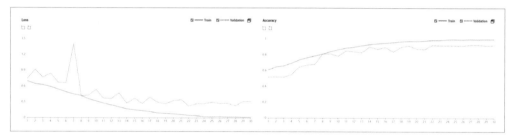

InceptionV3의 Loss&Accuracy 그래프

Loss 그래프를 보면 Validation Loss가 Train Loss의 수렴과 크게 다르지 않게 감소하는 것을 볼 수 있고, Accuracy 역시 눈에 띄게 개선되었습니다. 이처럼 여러 Hyperparameter를 조정하여 딥 러닝 모델의 성능을 향상시킬 수 있습니다.

5. 마지막 시도, 데이터 전처리와 Data Augmentation

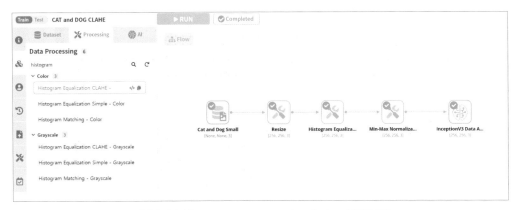

데이터 전처리에 Histogram Equalization CLAHE - Color 모듈을 추가

앞서 시도한 구조에 위 화면처럼 전처리 기능 중 Histogram Equalization - CLAHE 모듈을 추가하겠습니다. Histogram Equalization - CLAHE은 이미지의 밝은 부분과 어두운 부분을 도드라져 보이게 만듭니다. 특히 Histogram Equalization - CLAHE 알고리즘은 하나의 이미지를 작은 타일로 나누어 각각의 타일 단위로 contrast를 향상하는 작업을 수행하도록 합니다. 다음 페이지 하단 그림은 상단 그림에 Histogram Equalization - CLAHE를 적용한 것입니다.

Histogram Equalization CLAHE – Color 적용 전 데이터

Histogram Equalization CLAHE – Color 적용 후 데이터

Histogram Equalization CLAHE – Color 모듈을 추가한 것과 더불어 모델 내부에서 Data Augmentation을 통해 데이터의 다양성_{Variety}을 확보해보도록 하겠습니다.

InceptionV3 모델에 Data Augmentation을 적용한 Parameter 화면

InceptionV3 모델을 클릭하고 Augmentation에서 Horizontal Flip(좌우 반전), Dropout(몇몇 이미지 픽셀을 임의적으로 제외), Crop(일부 자르기)을 추가하고 Save 버튼을 눌러 저장합니다. Data Augmentation에서 중요한 점은 Augmentation 이전의 데이터와 Augmentation 이후의 데이터 간 차이가 너무 크면 안 된다는 것입니다. 예를 들어 학습하고자 하는 Dataset에 강아지가 상하로 반전되어 있는 이미지가 없는데 Vertical Flip(상하 반전)을 적용하면 Augmentation 전후의 이미지의 차이가 너무 커져서 성능 향상에 도움이 되지 않고 학습 시간만 증가합니다. 따라서 학습하고자 하는 Dataset의 성격을 파악하여 적절한 Augmentation 기법을 활용해야 합니다.

		Epoch Speed (Sec/Epoch)		372.9421			
		Processing Speed(Sec/Image)		0.5287			
		Loss	Train	0.0005	Validation	0.2860	
		Accuracy	Train	0.9999	Validation	0.9510	
	Class	Accuracy	Sensitivity	Specificity	PPV	NPV	F1 Score
Train	cats	0.9999	0.9999	0.9999	0.9999	0.9999	0.9999
	dogs	0.9999	0.9999	0.9999	0.9999	0.9999	0.9999
Validation	cats	0.9510	0.9650	0.9354	0.9395	0.9635	0.9525
	dogs	0.9510	0.9354	0.9650	0.9635	0.9395	0.9493

Histogram Equalization CLAHE – Color 모듈을 추가한 딥 러닝 모델의 학습 결과

새로운 학습 결과는 현재까지의 시도 중에서 가장 좋은 성능을 보여주고 있습니다. 전처리와 Data Augmentation을 적용하기 전 모델의 성능은 Validation Accuracy 기준으로 92%였는데, 3% 상승하여 95%를 기록하고 있습니다.

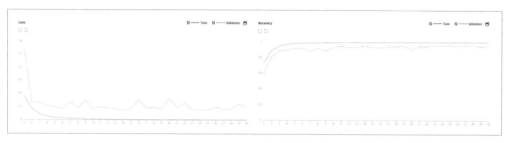

Loss&Accuracy 그래프

Loss 그래프와 Accuracy 그래프 역시 세 번째 시도보다 양호해졌음을 확인할 수 있습니다.

첫 번째 시도 이후 세 번의 성능 개선 과정을 거치면서 딥 러닝 모델의 성능을 향상시킬 수 있는 방법들을 확인했습니다. 이처럼 딥 러닝 모델은 여러 개선 방법을 통해 점차 성능을 향상시킬 수 있습니다. 딥 러닝으로 얻어지는 결과의 대부분은 이러한 개선 과정을 반복한 것들입니다.

6. 성능 평가

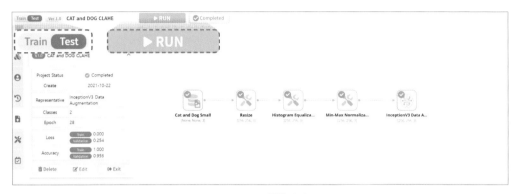

Test 모드로 전환한 화면

세 번의 개선 과정을 거친 딥 러닝 모델의 성능을 실제로 테스트해봅시다. Test 모드로 변경한 뒤 RUN을 눌러 Test Data로 검증 과정을 시작합니다.

Summary									
Processing Speed(Sec/Image)							0.1395		
Accuracy							0.9586		
Class	Accuracy	Sensitivity	Specificity	PPV	NPV	F1 Score	Cohen's Kappa	AP(Average Precision)	AUC
cats	0.9586	0.9532	0.9644	0.9665	0.9501	0.9596	0.9171	0.9934	0.9918
dogs	0.9586	0.9644	0.9532	0.9503	0.9665	0.9573	0.9171	0.9879	0.9913

Test Data에 대한 평가 결과

위의 결과를 보면 왼쪽 페이지 상단의 결과보다는 미세하지만 더 좋은 성능을 보여주고 있음을 확인할 수 있습니다. 왼쪽 페이지 상단의 결과는 고양이 분류에서 조금 더 좋은 성능을 보이지만, 위의 결과는 강아지 분류에서 더 높은 성능을 보이고 있으며 종합적으로 더 우수합니다. 이는 두 클래스 간 Sensitivity와 PPV(Precision)의 차이를 통해서 알아볼 수 있습니다. 왼쪽 상단 그림에서 차이는 0.300인 반면, 위 그림에서는 0.130 정도로 줄어들었습니다.

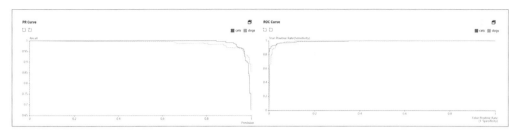

Test 결과의 PR Curve&ROC Curve

Test 모드에서의 Output에서는 이전에는 볼 수 없었던 PR Curve와 ROC Curve 그래프를 확인할 수 있습니다. 먼저 PR Curve의 X축은 Precision, Y축은 Sensitivity로 둘 사이의 관계를 나타내는 그래프입니다. 한편 ROC Curve의 X축은 False Positive Rate(1-Sensitivity), Y축은 True Positive Rate(Sensitivity)를 나타냅니다. (1,1)에 가까워질수록 좋은 모델이며, AUC는 그 아래의 면적을 의미합니다. 이러한 지표들은 클래스의 종류가 다양하거나 클래스의 개수가 불균형한 경우(특정 클래스만 데이터가 많은 경우 등) Accuracy만으로는 모델의 성능을 평가하기 어렵기 때문입니다.

7장

Face Mask Segmentation

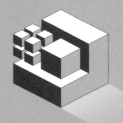

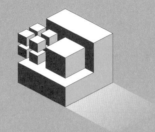

1. Segmentation

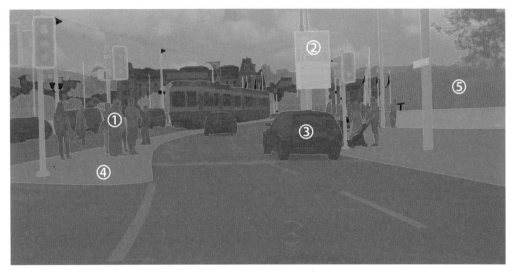

Image Segmentation의 예시[1]

    Image Segmentation은 위 그림에서 보듯 이미지에 있는 개체들의 경계선을 구분하면서 이미지를 분류해내는 작업입니다. 예를 들어 ①은 사람, ②는 표지판과 신호등, ③은 자동차, ④는 인도, ⑤는 나무와 풀로 영역을 나눈 것입니다. 이때 사람에 해당하는 픽셀들의 밝기나 색상 값들은 각각 다르지만, 이를 사람이라고 인식할 수 있도록 사람이라는 클래스와 위치를 분류하는 것입니다.

1   Dhanoop Karunakaran, 「Semantic segmentation — Udaitys self-driving car engineer nanodegree」 - 〈Medium〉 2018. 07. 16.

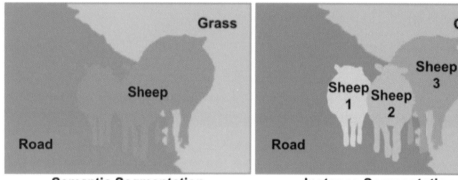

Image Segmentation에는 위 그림처럼 같은 종류의 개체끼리 분류하는 Semantic Segmentation, 같은 종류더라도 다른 개체라면 다르게 분류하는 Instance Segmentation이 있습니다.

---

2   Aurélien Géron, 「Introducing capsule networks」, 〈O'reilly〉, 2018. 2. 6.

2. 전체 모델 구성과 데이터 소개

이번 장에서는 지금까지 수행한 과정처럼 블록을 하나하나 놓으면서 설명하는 대신 Image Segmentation을 중점적으로 설명하겠습니다.

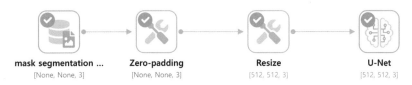

Mask Segmentation 알고리즘

6장까지 배운 내용으로 위와 같은 모델을 직접 구성할 수 있을 것입니다. 아직 다루지 않은 Zero-padding 블록은 뒤에서 설명하겠습니다. 이번에 사용할 Mask Segmentation Dataset은 아래와 같이 마스크를 쓴 사람들의 사진을 모아둔 것입니다.

Mask Segmentation 데이터 중 일부

그런데 이번 Dataset에서는 독특하게도 Label Data 역시 그림입니다. 아래 그림을 보면 Segmentation을 위한 Masking Data가 함께 제시되어 있음을 알 수 있습니다.

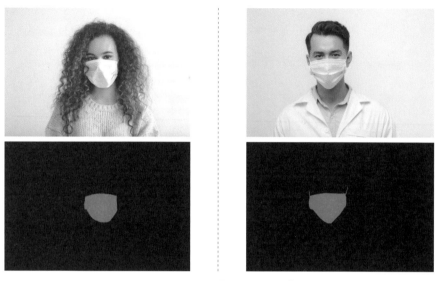

Mask Segmentation 중 Label Data 중 일부

Segmentation 모델을 만들기 위해서는 Image Data와 Segmentation 하고자 하는 Label Data가 함께 있어야 합니다.

3. 데이터 전처리

앞에서 본 모델의 전체 블록에서 사용된 전처리는 Zero-padding 블록과 Resize 블록입니다. Resize 블록은 3장 DEEP:PHI 소개부터 사용하던 블록이지만 Zero-padding 블록은 처음 다루는 블록이니 어떤 것인지 한번 보도록 하겠습니다.

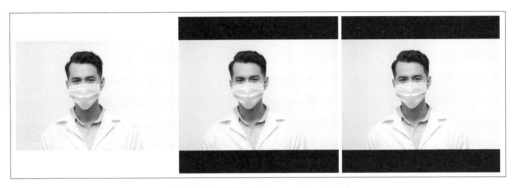

데이터 전처리 과정(원본-Zero-padding-Resize)

위에서 좌측이 원본 이미지, 중앙이 Zero-padding 과정을 거친 이미지, 그리고 우측이 Resize까지 마친 이미지입니다. 앞선 장에서 언급하였듯이 신경망에 넣기 전에 모든 입력 데이터는 사이즈를 동일하게 맞추어야 하기에 Resize 과정이 필요합니다. 하지만 각 이미지의 사이즈를 맞추는 과정에서 비율이 틀어져 이미지가 왜곡되는 현상이 발생할 수 있기 때문에, 이미지 주변으로 Pixel Value를 0검정색으로 채우는 과정, 즉 Zero-padding을 진행합니다. Zero-padding을 통해 이미지의 비율을 맞춰주면 Resize 과정에서도 이미지의 비율이 유지되고 이미지가 왜곡되는 현상을 막을 수 있습니다.

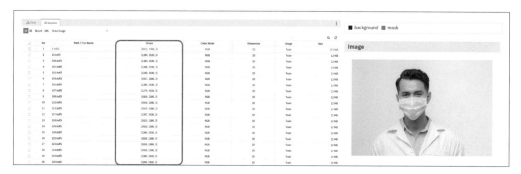

Dataset의 이미지 중 일부의 크기

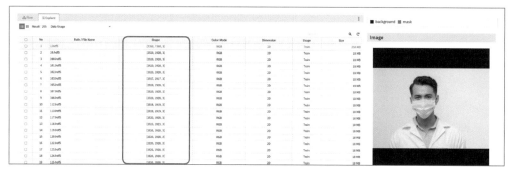

Dataset의 이미지 중 Zero-padding 과정을 거친 일부 이미지의 크기

원본 이미지는 위 화면의 Shape에서 보이듯이 조금씩 다른 크기를 가지고 있습니다. Zero-padding 블록을 거치며 원본 이미지의 크기가 모두 같아지도록 데이터 테두리에 0 값을 채웁니다(=검은색 영역을 만듭니다).

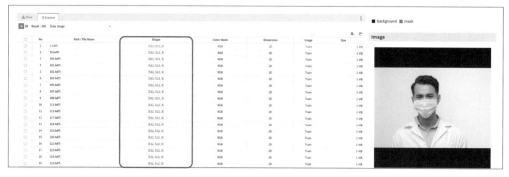

Dataset의 이미지 중 Zero-padding 과정을 거치고 Resize된 일부 이미지의 크기

위 화면에서 Zero-padding과 Resize를 거쳐 모든 이미지의 크기가 512×512px로 조정된 것을 확인할 수 있습니다.

4. U-Net

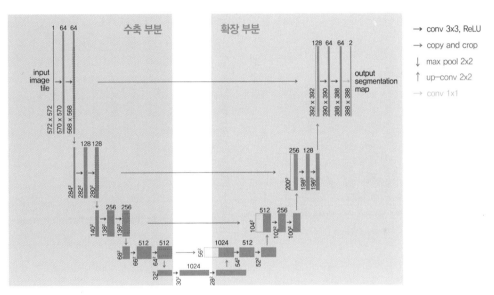

픽셀 기반으로 이미지를 분류하는 U-Net

위의 네트워크 도식은 U-Net의 구조를 표현한 도식입니다. U-Net은 픽셀 기반으로 이미지를 분석하여 픽셀별로 분류하기 위한 모델입니다. 수축 부분이라 불리는 좌측 부분에서 특징맵의 크기를 줄이며 이미지의 특징을 추출하고, 확장 부분이라 불리는 우측 부분에서는 목표인 픽셀별 분류를 위해 특징맵의 크기를 다시 키우고 픽셀의 위치를 찾아가는 Localization을 수행합니다.

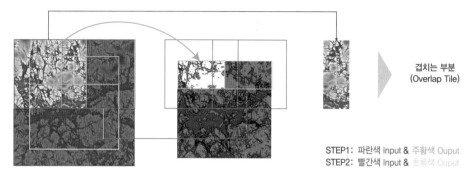

U-Net의 Overlap-tile strategy

U-Net은 위 그림처럼 입력 이미지와 출력 이미지의 크기가 다릅니다. 즉, 겹치는 부분이 존재하도록 잘라서 예측을 수행합니다.

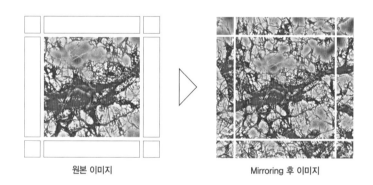

원본 이미지   Mirroring 후 이미지

U-Net은 위 그림처럼 테두리에 Zero-padding을 사용하지 않고 테두리 이미지를 예측하기 위해 크기가 동일한 원본 이미지의 mirror를 사용합니다.

이외에도 몇몇 U-Net의 기능이 있으므로 관심이 있으신 분들은 추가 자료를 찾아보시길 바랍니다. 이 책에서는 U-Net의 간략한 개요와 U-Net이 Segmentation에 적합한 모델인 것만 언급하고 넘어가겠습니다.

5. Segmentation 성능 평가

우측의 View 버튼을 선택한 화면

     Flow 화면에서 U-Net을 선택한 뒤 우측 View 버튼을 클릭하면 그 결과가 나타납니다. 원본 데이터와 Label, 학습 결과에 따른 Prediction, 그리고 Prediction과 Label이 얼마나 일치하는지를 알 수 있습니다. 그러나 이것은 학습용 데이터를 관찰한 결과이기 때문에 이를 통해 모델의 성능을 정확히 알기는 어렵습니다.

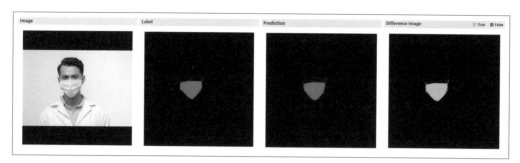

Test 모드로 전환한 화면

그래서 위 그림처럼 Test 모드로 전환하여 모델의 성능을 측정할 수 있습니다. 왼쪽부터 Image, Label, Prediction, Different Image(Label과 Prediction의 차이)입니다. 그런데 마지막 이미지에서 초록색, 빨간색, 검정색으로 표시된 부분을 이해하기 위해서는 거짓을 0으로, 참을 1로 판단하는 컴퓨터의 방식을 이해해야 합니다.

이를 바탕으로 이해하면 초록색으로 표시된 부분은 Label과 Prediction이 일치하는 부분으로, 해당 부분이 참True이며 그 부분이 참이라 예측한 경우Positive 입니다. 따라서 True Positive라고 합니다. 한편, 빨간색으로 표시된 부분은 Label과 Prediction이 일치하지 않는 부분으로, 거짓False이지만 실제 Label은 참이므로, False Positive라고 합니다. 마지막으로 검은색 부분은 Label이 없는 거짓이고 거짓이라 예측하였으니 Negative가 되어 False Negative 라고 합니다.

위에 제시된 사진은 한 사람이 정면을 보고 마스크를 쓴 단순한 구도여서 Label과 Prediction이 거의 일치한다는 것을 알 수 있습니다.

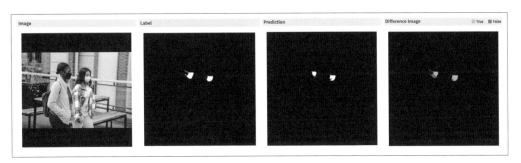

Test 데이터 샘플

한편 위의 샘플은 두 사람의 옆모습이 찍힌 사진이어서 마스크가 노출된 각도와 크기가 달라 까다로운 데이터로 보입니다. 실제로 네 번째 이미지를 보면 Label과 Prediction의 차이가 앞 사진의 경우보다 크다는 것을 알 수 있습니다.

이러한 Segmentation 작업에서 성능을 평가할 수 있는 지표로는 IoU 공식이 있습니다. 앞에서 설명한 True Positive, False Positive, False Negative를 이용하여 아래와 같이 표현합니다.

$$IoU = 100 \times \frac{true\ positive}{true\ positive + false\ positive + false\ negative}$$

IoU가 높을수록 Prediction과 Label이 비슷하다는 의미이므로, IoU가 높을수록 딥 러닝 모델의 성능이 좋다고 할 수 있겠지요. 이를 도식으로 이해하면 다음과 같습니다.

147

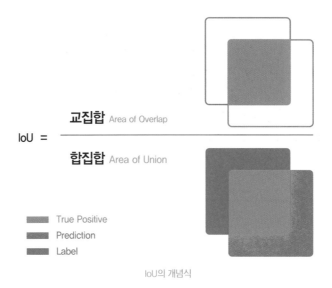

$$IoU = \frac{교집합 \text{ Area of Overlap}}{합집합 \text{ Area of Union}}$$

■ True Positive
■ Prediction
■ Label

IoU의 개념식

위 도식은 전체 합집합의 영역(Prediction∪Label)을 분모에, 교집합의 영역(Prediction∩Label)을 분자에 둔 것입니다.

Class	Accuracy	Sensitivity	Specificity	PPV	NPV	Dice	mIoU
background	0.9919	0.9995	0.6335	0.9923	0.9607	0.9959	0.9918
mask	0.9919	0.6335	0.9995	0.9607	0.9923	0.7635	0.6175

Processing Speed(Sec/Image) 0.5334
Accuracy 0.9919

Test 데이터에 대한 학습 결과

이제 위 화면에 표시된 mIoU 수치가 무엇인지 이해할 수 있을 것입니다. 여기서 m은 평균이므로, mIoU 평균 IoU 값, 즉 전체 중 True Positive 비율의 평균인 것입니다. mIoU 수치를 보며 목표로 하는 수치에 도달했는지 확인하면서 모델의 성능을 향상시킬 수 있을 것입니다.

Face Mask Detection

1. Object Detection

Object Detection의 예시

Object Detection은 위의 그림처럼 이미지 상의 객체object의 종류와 위치를 분류해내는 작업입니다. 객체의 위치는 Bounding Box로 표시합니다.

Segmentation과 Object Detection

앞서 살펴본 Segmentation은 이미지의 각 픽셀이 어떤 물체에 해당하는지 구분하는 것으로, 각 픽셀에 새로운 값을 부여하여 Label을 표시합니다. 한편 Object Detection은 해당 객체의 위치를 나타내는 것으로, Bounding Box로 Label을 표시합니다.

2. Faster RCNN

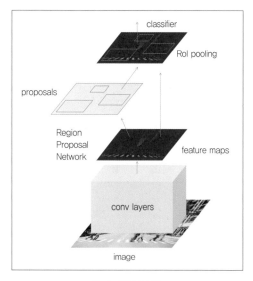

Faster RCNN 구조

Object Detection에서 사용할 모델은 Faster RCNN 모델입니다. Faster RCNN 에는 Feature Extraction특징 추출, Bounding Box Regressor위치 조정라는 두 단계가 있습니다. 합성곱 계층으로 이미지의 특징을 추출하고, 해당 객체의 위치를 Regression 문제로 찾아냅니다.

Faster RCNN은 각 단계에서 Selective Search, SVMSupport Vector Machine 등의 알고리즘을 사용하여 특정 단계에서는 CPU를 활용하고 다른 단계에서는 GPU를 활용하게 되어 병목 현상에 의해 속도가 느려지고 처음부터 끝까지end-to-end 학습시키기 어렵다는 단점이 있습니다. 그러나 Faster RCNN은 CNN 알고리즘에 Feature Extraction과 Region Proposal Network를 혼합하고, ROI Pooling, Multi-Task Loss를 사용함으로써 처음부터 끝까지 학습이 가능하게 되었습니다.

Faster RCNN은 전체 이미지를 미리 학습한 CNN을 통해서 특징맵을 추출하고, 각각의 ROIRegion of Interest(측정하고자 하는 부분의 범위를 설정하는 것)에 대해서 ROI Pooling(ROI 크기를 적절히 조절하여 고정된 아웃풋을 만들어주는 기법)을 진행함으로써 고정된 크기의 Feature Vector, 즉 특징적인 영역을 학습하게 됩니다. Multi-Task Loss를 사용하여 분류에 사용하는 Cross Entropy와 Bounding Box Regression을 조합하여 모델 내에서 역전파를 가능하게 만들었습니다.

3. 전체 모델 구성과 성능 평가

Object Detection 모델의 알고리즘

7장에서 사용한 Mask Segmentation Dataset으로 위와 같이 구성하여 Object Detection을 진행해보겠습니다. Detection 알고리즘을 사용하기 위해선 앞에서 설명한 것처럼 Segmentation과는 다른 형식의 Label을 사용해야 합니다.

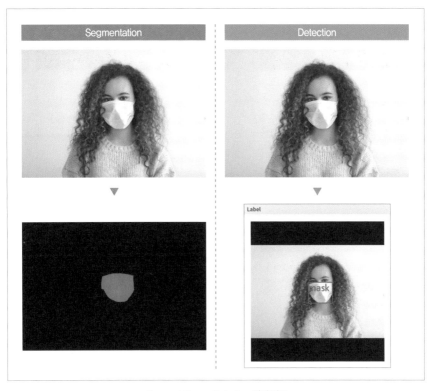

Segmentation vs Detection 라벨 비교

Segmentation의 Label은 찾고자 하는 대상인 마스크의 모든 픽셀이 표시되어 있고, Detection의 Label은 마스크에 Bounding Box와 텍스트가 표시되어 있음을 알 수 있습니다. Bounding Box를 (x_min, x_max, y_min, y_max) 형식으로 처리하는 것입니다.

4. 성능 평가

위와 같이 Label을 설정하여 학습을 마치고 나면 Flow 화면에서 Faster RCNN을 선택하고 우측 View 버튼을 눌러 Prediction 결과를 확인해봅니다.

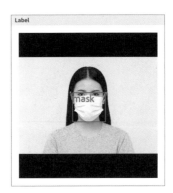

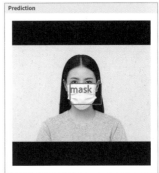

Faster RCNN Prediction 결과

위는 Faster RCNN 모델이 Prediction한 결과입니다. 첫 번째 Data의 마스크는 Detection에 성공했으나 두 번째 Data에선 마스크를 검출하긴 했지만 Bounding Box의 위치를 볼 때 완벽하다고 보긴 어려울 것 같습니다. 이어서 모델의 성능을 확인해보겠습니다.

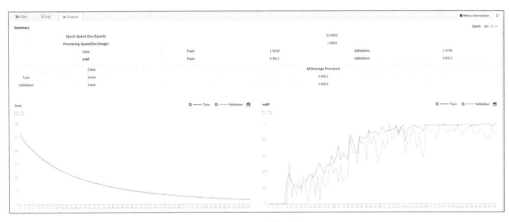

Faster RCNN 학습 결과

Faster RCNN 모듈을 클릭한 뒤 Output을 누르면 모델의 성능을 확인할 수 있습니다. Detection 모델의 성능은 mAP_{mean Average Precision} 로 측정할 수 있습니다. 이때 AP는 PR곡선의 아래 면적을 계산한 수치입니다. mAP는 객체의 클래스가 여러 개인 경우 각 클래스의 AP를 구하여 평균을 산출하는 개념입니다.

저희가 만든 Faster RCNN의 모델의 성능은 Train mAP가 0.981, Validation mAP가 0.891으로 Train Data에 과적합된 모습을 보이고 있습니다. Train Data가 아닌 Dataset에도 높은 성능을 보이는 모델을 만들려면 어떻게 해야 할까요?

5. Data Augmentation

Faster RCNN 모델의 성능을 개선하기 위해서 몇 가지 방안을 시행해보겠습니다. 과적합을 방지하기 위해서는 Dropout Layer와 Weight Regularizer를 추가하여 모델을 규제하는 방법이 있으나, 이번에는 Data Augmentation으로 성능을 개선해보겠습니다. 앞서 설명한 바와 같이 DEEP:PHI에서는 Flip, Shifts, Rotate, Zoom과 같은 단순한 기법을 활용하거나 실제 데이터에 Noise나 Blur를 추가하는 등 다양한 변화를 준 이미지를 추가할 수 있습니다.

Augmented 모델의 Parameter

Data Augmentation으로 Horizontal Flip, Rotate, Horizontal Shift를 넣고 save 버튼을 눌러 저장하였습니다. 모델을 실행하고 Log를 눌러보면 Train Data와 Augmented Data가 각각 몇 개인지 알 수가 있습니다.

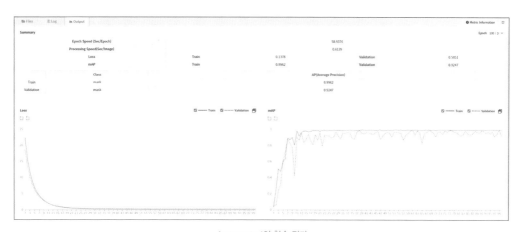

```
      - Add dataset for Further Learning
      -   └──the number of GPU: 4
      -   └──the number of the train dataset: 180
      -   └──the number of the augmented train dataset: 1440
      -   └──the number of validation dataset: 25
      -   └──total batch size: 16
      -   └──local batch size: 4
```

Augmented Log의 예

위에서 Train Data가 180개였고, Augmented Data가 1,440개가 된 것을 보실 수 있습니다. 그렇다면 증강된 데이터를 학습한 모델의 성능은 어떨까요?

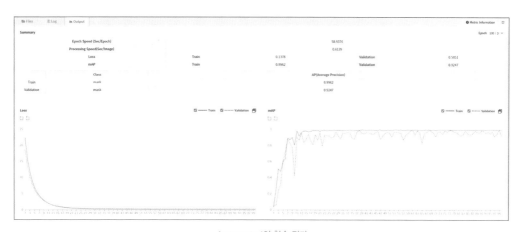

Augmented의 학습 결과

Train mAP는 0.996, Validation mAP는 0.924로 Data Augmentation을 진행하기 전보다 소폭 상승했습니다. 모델이 좌우 반전되거나 각도가 바뀐 Train Data들을 추가적으로 학습하여, 새로운 데이터에 대한 Detection 성능도 향상된 것입니다.

부록

DEEP:PHI 200% 활용법,
DEEP:PHI의 기타 유용한 기능,
Q&A

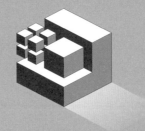

지금까지 DEEP:PHI로 Image Dataset을 가지고 Classification, Segmentation, Object Detection 모델을 만들어보았습니다. 이번에는 DEEP:PHI를 통해 학습한 딥 러닝 모델들을 어떻게 활용할 수 있는지를 DEEP:PHI와 연결된 DEEP:STORE, DEEP:PACS, 그리고 AI Ecosystem과 함께 알아보겠습니다.

1. DEEP:STORE

DEEP:STORE는 사용자가 필요한 인공지능 앱을 구독하거나 다운받을 수 있는 인공지능 마켓플레이스로, 구글의 Playstore나 애플의 App Store와 유사한 형태입니다. 딥노이드에서 개발한 인공지능 솔루션이나 DEEP:PHI의 유저가 DEEP:PHI를 활용하여 만든 인공지능 솔루션을 구매하여 사용할 수 있습니다.

DEEP:STORE는 DEEP:PHI 유저들이 등록한 인공지능 모델을 자동으로 생성·빌드·패키징하며, 이를 DEEP:PACS와 연동하여 활용할 수 있습니다. 특히 의료 시설 내에서는 의료인이 질병 진단 보조 판독 기구로 사용할 수 있습니다.

DEEP:STORE 화면

2. DEEP:PACS

    DEEP:PACS는 환자의 의료 영상 데이터를 디지털 형태로 전송받아 데이터의 저장, 관리, 확대, 축소 및 조회 기능을 제공하는 소프트웨어입니다. 이 제품은 의료용 디지털 영상 및 통신 프로토콜인 DICOM_{Digital Imaging and Communication in Medicine} 3.0 표준을 따르고 있습니다. 또한 DEEP:PHI·DEEP:STORE와 연동되어 인공지능 모델 개발을 위한 데이터 수집을 진행하거나 의료 현장에서는 DEEP:STORE에서 구독한 앱과 함께 DEEP:PACS를 함께 활용하여 진단 보조 도구로 사용하고 있습니다.

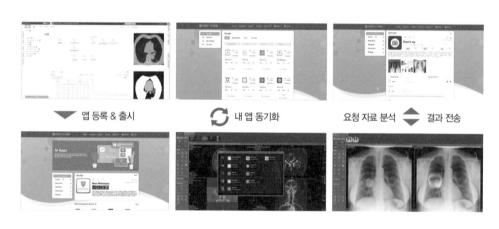

DEEP:PHI, DEEP:STORE, DEEP:PACS의 연동

3. AI Ecosystem

딥노이드는 앞서 소개한 DEEP:PHI, DEEP:STORE, DEEP:PACS를 통합하여 AI Ecosystem이라는 All-in-One 플랫폼을 구축해나가고 있습니다. DEEP:PHI에서는 사용자가 자신의 분야에 도움이 될 수 있는 인공지능 모델을 간단한 그래픽으로 구성된 사용자 인터페이스를 사용하여 개발하고, DEEP:STORE에 업무에 적합한 어플리케이션을 구독하여 DEEP:PACS와 함께 활용할 수 있습니다. 단순하게 구독에서 끝나는 것이 아니라 인공지능 모델을 사용하며 지속적으로 피드백을 보낼 수 있고, 이를 통해 인공지능 모델의 정확도, 민감도와 같은 지표들을 고도화하고 활용할 수 있는 영역을 넓힐 수 있어 인공지능 모델을 꾸준히 발전시키며 사용할 수 있습니다.

DEEP:PHI와 DEEP:STORE를 통해 생성된 인공지능 모델이 의사들의 병변_{病變} 판독의 효율성을 높여 과중한 업무를 줄이고, 지속적으로 발전하는 인공지능 모델을 활용함으로써 의료 서비스의 질을 높일 수 있을 것입니다. 또한 DEEP:PHI-DEEP:STORE-DEEP:PACS를 연계하여 의료 인공지능의 대중화를 이끌어낼 수 있을 것입니다.

AI Ecosystem의 목표는 궁극적으로 의료 AI 모델 연구와 제품의 솔루션화, AI 모델의 지속적인 학습과 고도화를 통하여 의료 인공지능 경제의 활성화를 이루는 것입니다.

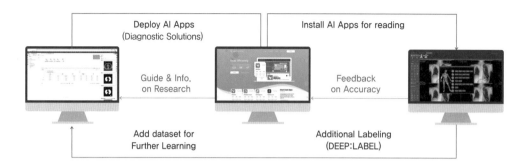

4. 정형 데이터 분류(Iris Classification)

DEEP:PHI에서 정형 데이터(환자 EMR 데이터, Excel Spreadsheet, CSV와 같은 형식으로 저장되는 데이터)로 분류, 회귀 분석을 연구할 수 있는 기능을 확장, 개발 중에 있습니다. 정형 데이터는 행렬 형식으로 되어 있으며, Column행은 데이터의 특징을 표현하고 Row열은 각 Column에 대응하여 해당 데이터가 지니는 Value값를 나타냅니다.

정형 데이터 중 소개해드릴 Dataset은 데이터 분석, 머신 러닝의 'Hello World'로 유명한 Iris붓꽃 Dataset입니다. 이 데이터는 꽃잎과 꽃받침의 각 부분의 너비와 길이 등을 측정한 데이터로, Excel Spreadsheet·CSV 형식의 정형 데이터입니다. 아래 화면처럼 Column은 sepal_length, sepal_width, petal_length, petal_width, class로 구성되어 있고 Row에는 그에 해당하는 Value가 기록되어 있습니다.

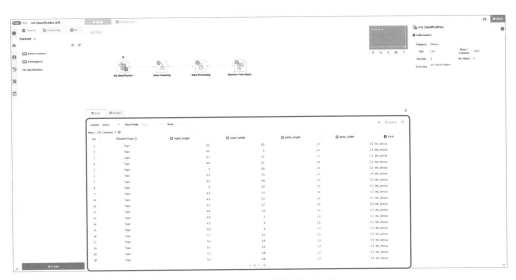

Iris Dataset의 데이터 형식(정형 데이터)

Iris Dataset은 3~8장에서 다룬 비정형 데이터인 이미지와 달리 정형 데이터이므로 그에 맞는 알고리즘을 구성하여 학습을 진행해야 합니다. 전체적으로 구조는 유사하지만 데이터 전처리에 사용되는 모듈과 데이터 정규화 방식이 다릅니다.

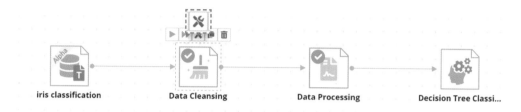

Iris Dataset 분석 모델의 알고리즘

정형 데이터의 전처리는 Data Cleansing 모듈로 진행합니다. Data Cleansing 모듈 위에 강조된 버튼을 클릭하면 아래와 같은 세부 설정 화면이 나타납니다.

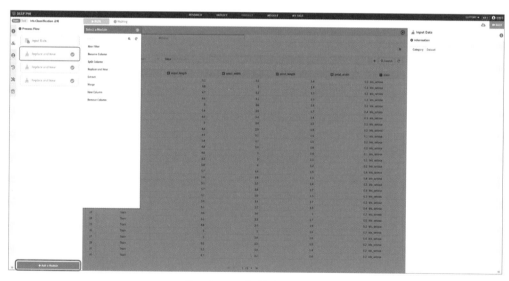

'Data Cleansing' 모듈의 세부 기능들

앞의 화면에서 좌측 하단에 있는 +Add a Module을 선택하면 데이터 전처리를 위한 모듈 목록을 볼 수 있습니다. 정형 데이터의 전처리에서는 데이터 내의 결측치(Null 값) 제거, 범주형 데이터 처리, 이상치Outlier 처리 등을 수행해야 합니다. 각 작업의 내용은 아래와 같습니다.

① **결측치(Null 값) 처리:** 결측치란 데이터 수집 과정에서 잘못 수집하거나 수집이 되어 있지 않은 데이터를 의미합니다. 딥 러닝 모델에 결측치 데이터를 넣으면 모델이 학습을 진행할 수 없으므로, 전처리 과정에서 해당 데이터를 삭제하거나 평균값·중위값·상수값으로 대체하거나 데이터의 의미를 파악하여 알맞은 데이터를 삽입합니다.

② **범주형 데이터 처리:** 범주형 데이터란 문자열string로 이루어진 데이터를 의미합니다. 컴퓨터는 문자열을 해석할 수가 없기 때문에 수치형Int으로 바꾸는 인코딩 작업이 필요합니다.

   1) One-Hot Encoding: k개의 카테고리 중 해당 특징에 해당하는 카테고리 값을 1로 만들고 나머지 카테고리 값을 0으로 만들어, 희소 벡터Sparse Vector로 생성하는 작업입니다. 예를 들면 '강아지, 고양이, 토끼'라는 값이 있다면 강아지에 해당하는 데이터를 [1, 0, 0], 고양이에 해당하는 데이터를 [0, 1, 0]으로 바꾸어 딥 러닝 모델이 해당 데이터의 특징을 수치로 명확하게 이해하도록 만드는 작업입니다. 그러나 카테고리 수가 많은 경우 데이터의 차원이 너무 커져서 쓸모없는 공간이 많아지고, 컴퓨팅 작업에 부하가 걸릴 수 있습니다.

   2) Label Encoding: 각 카테고리마다 다른 숫자를 부여는 방식입니다. One-Hot Encoding보다는 데이터의 차원이 가벼워지지만 모델이 카테고리를 순서로 이해할 수도 있어 주의가 필요합니다.

③ **이상치 데이터 처리:** 이상치 데이터란 데이터들이 주로 분포하는 영역을 크게 벗어난 데이터를 의미합니다. 이상치가 많은 경우에는 해당 데이터의 범위를 지나치게 광범위하게 만들어 모델에 혼란을 줄 수 있기에 이상치에 해당하는 데이터들을 삭제하고 모델 학습을 진행하는 것이 좋을 수도 있습니다.

이제 Iris Dataset으로 돌아와 Label Encoding을 진행해보겠습니다. Column 중 sepal length, sepal width, petal length, petal width는 정수형 데이터이기에 데이터 전처리가 필요하지 않지만, Class Column의 데이터는 iris_setosa, iris_versicolor, iris_virginica로 문자형 데이터이기에 이를 정수형으로 바꿔주는 전처리 작업이 필요합니다. 이를 Label Encoding 방식으로 0, 1, 2로 바꾸어주도록 하겠습니다. 먼저 +Add a Module 버튼을 클릭한 후 Replace and New 버튼을 누르면 아래와 같은 화면이 나타납니다.

Replace and New 모듈의 Parameter

Label Encoding을 진행하기 위해서는 문자형 데이터를 정수형 데이터로 바꾸는 설정이 필요합니다. 먼저 Label Encoding에 사용하는 기능은 아니지만 ①Row Filter에 대해 간략히 알아보겠습니다. Row Fitler는 데이터 전처리를 진행하기 전에 특정 조건을 갖춘 데이터를 찾는 기능을 합니다. 예를 들어 sepal length가 3~5인 데이터만 확인하고 싶다면 Column 탭에 sepal_length를 선택하고 Match 모드를 Range로 설정한 후 Value에 3과 5를 입력하고 Search를 누르면 됩니다.

Row Filter를 활용하여 일부 데이터를 검색한 화면

이어서 ②영역에서 Label Encoding을 위한 설정을 진행하겠습니다. 먼저 변경하고자 하는 Column을 선택해야 하므로, class를 입력해줍니다. 이어서 Action에 포함된 Prefix, Suffix, Replace, Fill Value 중에서 사용하고자 하는 기능을 고를 수 있습니다. Label Encoding에서는 문자형 데이터를 정수형 데이터로 교체해야 하므로 Replace를 선택해줍니다. 마지막으로 찾으려는 Value(iris_setosa, iris_versicolor, iris_virginica)와 교체하려는 Value(0, 1, 2)를 하나씩 입력하여 총 세 번 작업을 진행해줍니다.

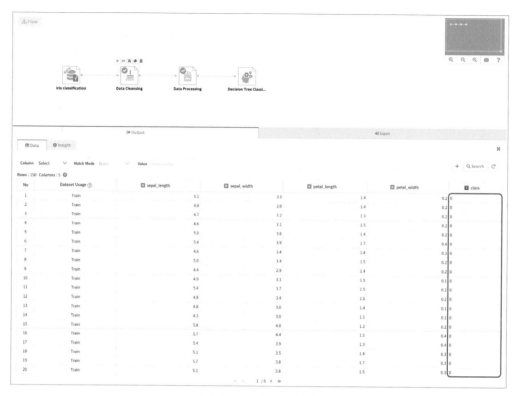

Label Encoding을 완료한 화면

Label Encoding을 완료하여 Class Column이 정수로 변한 것을 확인할 수 있습니다. 이어서 Data Processing 모듈을 이용해 정규화 작업을 진행하도록 하겠습니다. 이미지가 아닌 정형 데이터에는 적용할 수 있는 정규화 기법들이 다양합니다. 그중 DEEP:PHI에서 사용할 수 있는 정규화 기법은 Standard, Robust, Min-Max, Max-Abs 4가지가 있습니다.

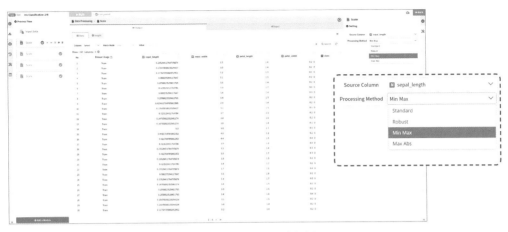

Data Processing 모듈 설정 화면

Data Cleansing 모듈 설정 화면으로 진입했던 방식과 동일하게 Data Procsseing 모듈 설정 화면에 들어옵니다. 우측 상단 Setting의 Source Column에서 전처리를 진행하고자 하는 Column을, Processing Method에서 전처리 방법(Standard, Robust, Min-Max, Max-Abs)을 선택할 수 있습니다.

Standard: 평균을 빼고 표준편차로 나누어 정규분포의 형태로 값을 변환

Robust: 중위값을 빼고 사분범위Interquartile range 로 나누어 값을 변환

Min Max: 최솟값, 최댓값을 활용하여 0과 1사이의 범위로 값을 변환

Max Abs: 절댓값의 최댓값이 1이 되도록 값을 변환

Sepal length, sepal width, petal length, petal width Column들을 Min-Max Normalization 기법으로 정규화를 진행하도록 하겠습니다. +Add a Module 버튼을 클릭하여 정규화를 진행할 수 있는 Scale 모듈을 생성하면 다음과 같은 결과 화면을 볼 수 있습니다.

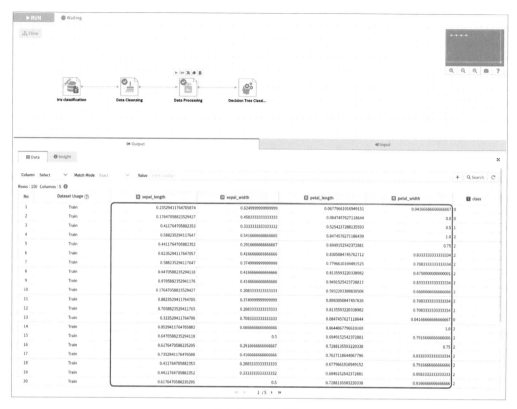

Data Processing 결과

Data Processing을 완료하면 이처럼 Value 값들이 0에서 1 사이의 소수점 형태로 바뀝니다. 데이터 전처리와 정규화가 완료되면 진행하고자 하는 Task(분류나 회귀)에 맞는 인공지능 모델 모듈을 불러와서 학습을 진행하면 됩니다.

DEEP:PHI에는 지도학습Supervised Learning 기반의 인공지능 알고리즘들이 탑재되어 있습니다. 크게 신경망과 머신 러닝으로 나누어 제공하고 있습니다.

		DNN–Classification
신경망 Neural Network	Classification	DNN–Classification LSTM–Classification RNN–Classification
	Regression	DNN–Regression LSTM–Regression RNN–Regression
머신 러닝 Machine Learning	Classification	Decision Tree Classifier Elastic Net Classifier LASSO Classifier Logistic Classifier Random Forest Classifier Ridge Classifier SVM Classifier XGBoost Classifier
	Regression	Decision Tree Regressor Elastic Net Regressor LASSO Regressor Linear Regressor Polynomial Regressor Random Forest Regressor Ridge Regressor SVM Regressor XGBoost Regressor

앞서 3~8장에서 학습했던 내용을 바탕으로 연구하고자 하는 Task에 알맞은 모델을 선택하여 Data Processing과 연결하고 딥 러닝 모델의 학습을 진행할 수 있습니다.

5. 기타 DEEP:PHI에 공개된 유용한 Dataset

폐렴 Classification

DEEP:PHI 내의 Image Dataset에 공개되어 있는 Chest X-Ray PNEUMONIA는 Classification 문제의 데이터 중 유용하게 활용할 만한 데이터입니다. 이 데이터는 소아 환자의 폐렴을 진단하기 위한 흉부 X-Ray 사진입니다. 폐렴은 여러 유병 기생충이나 말라리아, 홍역 등과 진단상 겹치는 부분이 많아 특히 어린이의 폐병을 진단하는 것은 매우 어려운 일로 알려져 있습니다. 또한 영양 실조 아동의 경우는 더욱 자료가 부족합니다. Chest X-Ray PNEUMONIA는 Normal 1,583장과 PNEUMONIA 4,273장으로 구성된 Binary Classification입니다.

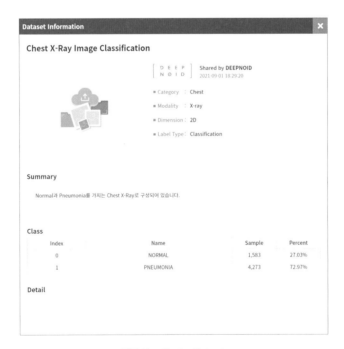

폐렴 Classification Dataset

AI-HUB Dataset

지능정보산업 인프라 조성 사업의 일환으로 진행된 AI-HUB의 개방 Dataset 역시 DEEP:PHI에서 활용할 수 있습니다. 인공지능 모델을 개발하기 위해서는 Quality가 좋고 수가 많은 Dataset이 필수적인데, 국내 중소벤처기업, 연구소, 개인이 이러한 Dataset을 자체적으로 구축하는 것은 현실적으로 어렵습니다. 이러한 실정 때문에 정부에서 국내외 기관·기업과 협업하여 공개한 AI 학습용 데이터(AI-HUB Dataset)를 해당 사이트에서 받아서 DEEP:PHI에서 연구를 진행할 수 있습니다. 비전, 이미지 Tag가 붙은 데이터들은 DEEP:PHI가 인식할 수 있는 형태의 포맷으로 변경하여 올리면 Task에 맞는 인공지능 모델로 딥 러닝 학습을 진행할 수 있습니다.

Public Dataset

마지막으로 소개해드릴 것은 DEEP:PHI 내부에 공개되어 있는 Public Dataset입니다. DEEP:PHI 플랫폼 팀은 DEEP:PHI를 통하여 연구하고자 하는 유저들을 위해 다양한 종류의 데이터셋을 DEEP:PHI 내부에 탑재하였습니다. 따라서 연구를 진행하기 전 Pilot Study(본 연구를 진행하기 전 유사한 목적의 소규모 Dataset으로 진행하는 연구)의 개념으로 사용할 수 있습니다.

DEEP:PHI 좌측 메뉴에서 Dataset → Image Dataset으로 들어가면 유저 본인이 올린 데이터 뿐만 아니라 Public으로 되어 있는 Dataset들을 찾아볼 수 있습니다.

Public Dataset

위 화면에서 Dataset의 이름과, Category(질환의 종류), Modality(X-ray, MRI, CT..),
Dimension(2D or 3D), Label Type(Classification, Segmentation, Detection), Class의 개수,
데이터의 개수 등이 기록되어 있는 것을 보실 수 있습니다.

Search 옵션

뿐만 아니라, 위의 빨간색 박스를 통해서 연구해보고자 하는 Task에 따라 찾아볼 수 있으
니 해당 기능으로 편리하게 찾아보기를 권장드립니다.

6. Q&A

DEEP:PHI플랫폼은 무료인가요?

현재 DEEP:PHI 플랫폼은 무료로 사용하실 수 있습니다. 추후 과금 정책이 변경되는 경우에는 사용자분들에게 사전에 공지해드릴 계획입니다.

DEEP:PHI 플랫폼을 쓰면
정말 코딩을 몰라도 AI연구가 가능한가요?

DEEP:PHI는 딥 러닝과 관련된 코딩 기술이나 별도 프로그램이 없어도 충분히 딥 러닝을 활용할 수 있도록 사용자 편의성을 강화한 플랫폼입니다. 이를 위해 플랫폼 내에 각 모듈의 기능과 사용법 등이 상세하게 안내되어 있습니다. 또한 자체적으로 검증한 수많은 신경망 모듈, 이미지 프로세스 모듈, 샘플 프로젝트 들이 플랫폼 내에 제공되고 있어, 누구나 손쉽게 딥 러닝을 연구와 실무에 활용할 수 있습니다. 또한 딥 러닝에 관한 지식과 노하우가 있으신 분들에게는 직접 모듈을 편집하여 프로젝트를 고도화할 수 있는 추가 기능을 함께 제공하고 있습니다.

DEEP:PHI의 ID가 없는데 어떻게 하면 되나요?

현재 DEEP:PHI 플랫폼은 사전에 신청해주신 분들에 한해 플랫폼 사용 권한을 드리고 있습니다. 플랫폼 사용에 관심이 있으신 분은 저희 회사(딥노이드)에 연락을 주시면, 사용자의 확인 후 별도의 ID와 PW를 임의로 발급해드리겠습니다. (DEEP:PHI 플랫폼 내 Contact Us 메뉴를 통해서도 사용 신청 접수가 가능합니다.)

학습 시 소요되는 시간은 얼마인가요?

의료 영상 AI 연구는 기본적으로 빅 데이터를 다루기 때문에 학습에 시간이 많이 소요되는 편입니다. 또한 프로젝트에 포함된 Dataset의 크기, 이미지 프로세스 개수, 신경망의 깊이 등의 변수 등에 따라 학습에 소요되는 시간은 달라질 수 있습니다. 짧게는 몇 시간에서 길게는 일주일 이상 학습이 필요한 프로젝트들도 있을 수 있으니, 프로젝트 실행 중의 처리 현황을 체크해주시기 바랍니다.

AI 학습이 잘 되었는지는 어떻게 판단할 수 있나요?

DEEP:PHI 내의 Training Loss 수치가 그래프 상에서 점진적으로 낮아지고, Training Accuracy가 높아질수록 학습이 잘 되었다고 판단할 수 있습니다. 그러나 Train Accuracy에 비해 Validation Accuracy 값이 많이 떨어진다면 과적합으로 인해 학습이 잘 이루어지지 않은 경우라고 볼 수 있습니다. Validation Accuracy가 Train Accuracy와 유사한 정도로 높아야 학습이 잘 되었다고 판단할 수 있겠습니다. 해당 수치의 결과 그래프 등은 Flow 화면에서 CNN 모듈을 선택한 후 하단의 Output 탭에서 확인 가능합니다. (최대화 버튼을 클릭하면 확장하여 살펴볼 수 있습니다.)

제가 하고 싶은 연구에 적합한
이미지 프로세스 모듈은 어떻게 선택하나요?

각 프로젝트의 모델 화면으로 진입하면 좌측 상단에 이미지 처리 모듈 탭이 있습니다. 해당 탭을 클릭한 후, 이미지 처리 모듈 카테고리 혹은 검색을 통해 원하는 모듈을 찾을 수 있습니다. 모듈을 찾은 이후에는 마우스로 드래그 앤 드롭 동작을 통해 중앙 Flow 영역으로 이동시킵니다. Flow로 이동시킨 후 우측과 하단의 관련 정보와 설정 등을 확인하면서 세부적인 조정이 가능합니다.

제 PC에 있는 데이터를 이용할 수 있나요?

활용할 수는 있으나 AI 학습 진행을 위해 사전 Labeling 작업을 통해 Label을 만들어 학습시키기 위한 준비를 해야 합니다. 그리고 Dataset을 DEEP:PHI에 등록할 수 있는 구조와 유형에 맞게 폴더 및 파일 양식을 변경한 후 업로드해야 합니다.

의료 영상 데이터 AI 연구 외에
일반 병원 데이터 관련 연구도 가능한가요?

DEEP:PHI는 의료 영상 AI 모델 연구 및 개발에 최적화된 플랫폼입니다. 향후에는 AI 적용 범위를 넓혀 플랫폼의 활용 영역을 확장할 예정입니다. 현재 DEEP:PHI는 의료 영상에 특화된 플랫폼이지만 향후에는 의료 영상을 비롯해 환자의 EMR 데이터 등 AI 분석을 통해 다양한 예측 모델을 만들어낼 수 있도록 플랫폼을 진화해나갈 예정입니다. 또한 플랫폼이 발달함에 따라 의료 분야 이외의 분야에서도 활용할 수 있을 것으로 바라보고 있습니다.

코딩 없이 만드는 인공지능

1판 1쇄 발행 2021년 12월 31일

지은이·딥노이드 교육팀
펴낸이·주연선

(주)은행나무
04035 서울특별시 마포구 양화로11길 54
전화·02)3143-0651~3 | 팩스·02)3143-0654
신고번호·제 1997—000168호(1997. 12. 12)
www.ehbook.co.kr
ehbook@ehbook.co.kr

ISBN 979-11-6737-116-4 (13000)